LE THEATRE
EROTIQUE

DE LA

RUE DE LA SANTÉ

SON HISTOIRE

BATIGNOLLES

—

MDCCCLXIV — MDCCCLXVI

HISTOIRE
DE
THEATRE EROTIQUE
DE LA RUE DE LA SANTÉ

I

Si l'hypocrisie n'était pas, par excellence, la vertu théologale de notre triste époque, ce Théâtre, conçu d'après l'idée simple de Molière, *de réjouir les honnêtes gens*, n'aurait aucunement besoin d'introduction. On lèverait la toile, et le spectacle commencerait, après l'ouverture exécutée par les violons.

Mais, hélas! l'esprit criminaliste de nos contemporains, tous magistrats stagiaires à la sixième chambre, voit matière à procès et à scandale dans les actions les plus ingénues, et réclame à grands cris des explications.

Ce sont ces explications que nous allons ne pas leur fournir.

II

Ce que nous prétendons écrire, n'est que l'histoire pure et succincte du *Théâtre érotique de la rue de la Santé*, théâtre bizarre, irrégulier, sauvage, excessif, — mais où l'on a ri d'un rire franc, et qui a eu le privilége de réunir, dans la communion de la gaité, un petit nombre d'artistes et d'hommes de lettres bien portants.

La Bohême élégante et poétique de la rue du Doyenné, le cénacle qui rassemblait Théophile Gautier, Gérard de Nerval, Lassailly, Arsène Houssaye, encore non millionnaire, et Chassériau, et Marilhat, et tant d'autres, morts régulièrement ou enterrés dans un Institut vague et indéterminé, ou simplement devenus de grands poëtes contraints de rendre compte des ouvrages de M. Dennery, pour gagner l'argent nécessaire à l'entretien des vices qu'ils ont pu conserver, n'a plus aucune raison d'être. Elle a disparu — avec les beaux enthousiasmes et les fiers élans qui faisaient battre le cœur des *vaillants* de 1830.

Mais le bourgeoisisme envahissant, la vie de café, le besoin incessant de *faire de la copie*, n'ont pu discipliner entièrement la bande des hommes de lettres vivaces et des artistes en qui le sang des aïeux circule, malgré tout. A de certains moments, la gent irritable sent ses nerfs agacés, et veut, à *toute force*, protester, fût-ce entre quatre murs et dans le fond d'une cave, contre la tyrannie des soirées officielles et des réunions où les peintres sont mêlés aux boursiers, et les poëtes aux journalistes graves.

En ce temps-là (1861), M. Duranty venait d'ouvrir, dans le jardin des Tuileries, un théâtre de marionnettes, salué à

8769 **Théâtre Érotique** (Le), de la rue de la Santé ; son histoire. 1 vol. in-18, de 198 pages pap vélin, en deux parties avec 8 eaux-fortes libres de Lynen. *Partout et nulle part, mais dans l'arrière-boutique de tous les libraires, en l'an de joie 1882.* 30 fr.

PREMIÈRE PARTIE : Hist. du Théâtre érotique. — L'Étudiant et la Grisette, par *H. Monnier*. — Le Dernier jour d'un Condamné, par *J. H. Tisserant*. — Les Joux de l'amour et du bazar, par *Lemercier de Neuville*. — Un Caprice, par *Lemercier de Neuville*. — Scapin maquereau, par *Albert Glatigny*.

SECONDE PARTIE : Signe d'argent, par *J. Dubois* et *Am. Rolland*. — Le Bout de l'an de la noce, par *Lemercier de Neuville*. — La Grande symphonie des Punaises, par *Nadar* et *Ch. Bataille*.

Chaque pièce de ce Théâtre d'amateur, qui a existé à Paris en 1861 et 1862, est précédée d'un avertissement anecdotique par le mordant *Poulet-Malassis*.

LE THEATRE
ÉROTIQUE

son aurore par les acclamations de la haute et de la basse presse, marionnettes littéraires, qui pétaient des alexandrins, en guise de poudre, aux yeux des militaires et des bonnes d'enfants, — mais qui ne tardèrent pas à devenir pareilles aux marionnettes des Champs-Élysées, et durent se résigner à jouer la farce traditionnelle de Polichinelle battant sa femme, et finalement emporté par le Diable.

III

M. Amédée Rolland, que les récents succès des *Vacances du Docteur* et de *l'Usurier de Village* avaient mis en vue, demeurait alors dans une sorte de ville de province, enclavée, au fond des Batignolles, entre les fortifications et les premières maisons de Clichy-la-Garenne. Sa maison avait pour locataires M. Jean Duboys, l'auteur de *la Volonté* et des *Femmes de Province*, M. Edmond Wittersheim, et M. Camille Weinschenck, un voyageur revenu du Japon, et que la difficulté de son nom qui se brait, se miaule, ou s'aboie, peut-être, mais ne se prononce pas, faisait appeler, simplement, 4025.

A la suite d'un déjeuner où était invité M. Lemercier de Neuville (Lemerdier, dans l'intimité), on émit le projet d'appliquer l'idée de M. Duranty à un théâtre libre, où la fantaisie se donnerait carrière, et qui servirait de prétexte à réunir dans un souper semi-mensuel une vingtaine de gens d'esprit, éparpillés aux vingt coins de Paris.

Le projet eût été un simple propos d'après boire, sans M. Lemercier de Neuville, sorte de maître Jacques, apte à plus de choses que l'ancien, qui trouva immédiatement le moyen de faire une réalité d'une idée en l'air ; — et le 27 mai 1862, un public — très-particulier — était convié d'assister à l'inauguration solennelle de l'*Erótikon Théatron*.

IV

Ce théâtre était installé dans une salle vitrée, antichambre de la maison.

M. Lemercier de Neuville en fut à la fois l'architecte, le maçon, le peintre, le machiniste et le directeur. Le privilège lui en fut, bien entendu, solennellement concédé (1).

Au-dessus de la porte d'entrée, on lisait cette maxime, empruntée à la sagesse de Joseph Prudhomme :

SANS ORDRE ON N'ARRIVE A RIEN.

Ladite maxime servit d'épigraphe aux affiches des représentations, données PAR ORDRE, puisque sans ordre on n'arrive à rien.

Les inscriptions étaient nombreuses dans la maison. Locataires et visiteurs avaient tous l'esprit épigraphique.

Chaque pièce avait donc une appellation particulière, qui se justifiait.

Sur la porte des lieux, on lisait :

PARLEZ A PONSON.

(1) Voir les *Pièces justificatives*.

On finit par dire : « Je vais chez *Ponson*, » pour : « *Je vais aux lieux.* »

Le domestique de la maison se composait de deux femmes : Tronquette, sorte de négresse blanche, longtemps au service de Titine, personne de mœurs légères qui a fait les beaux jours du café du *Rat mort*, après avoir fait ceux de M. Amédée Rolland, et de quelques autres gens de lettres. Tronquette était chargée de faire les lits de ces messieurs, mais son occupation essentielle consistait à ne jamais se laver les mains ni la figure. M. Auguste de Châtillon lui demanda un jour si elle se lavait autre chose ; Tronquette lui répondit : « Venez-y voir ! »

La femme de Léonidas eût dit : « Viens le prendre ! »

L'autre femme était la cuisinière Aimée, — semblable à toutes les cuisinières possibles.

Aimée et Tronquette couchaient ensemble dans un petit pavillon, à l'entrée du jardin, sur la porte duquel était écrit :

PARLEZ A TRONQUETTE.

M. Albert Glatigny fut surpris un jour dans ce pavillon, excitant violemment les deux pécores aux voluptés de la tribaderie.

La vertu de Tronquette se manifestait en ce moment sous la forme d'un manche à balai, qu'elle brandissait sur la tête, la vraie tête (1), de ce poëte immoral, mais convaincu.

Chaque chose, chaque animal du jardin avait un nom particulier, destiné à illusionner les étrangers sur sa nature et son origine :

---

(1) M. Albert Glatigny a été surnommé par M. Poulet-Malassis « le poëte-gland. » *Intelligenti pauca.*

Le puits se nommait : — *Les Sources du Nil;*

Un puisard : — *L'Hippocrène;*

Un espace sablé, réservé pour faire des armes : — *Le Champ-de-Mars;*

La cage aux chiens : — *La Ménagerie;*

Follette, chienne caniche : — *Lionne de l'Atlas;*

Pip, chien ratier : — *Tigre du Bengale;*

Un chat empaillé, enchaîné au sommet du puits : — *Singe du Pérou, rapporté par le capitaine Camil;*

La cage aux poules portait cette inscription : — *Coq de Gruyère, donné par le consul de France à Batignolles;*

Une pie noire, aux ailes éboutées, qui sautillait çà et là, avait été baptisée *Perle noire,* en l'honneur de la pièce de M. Sardou.

Les arbres portaient des étiquettes du même genre :

Un abricotier : — Saucissonnier à l'ail. (*Saucissonnierus alliaca;* LINNÆUS.) donné par M. Champfleury.

Un sapin : — Bretellier des Alpes. (*Bretellarium alpinium;* LINNÆUS.) donné par M. de Lamartine.

Un prunier : — Cubèbe commun. (*Cubebus communis;* LINNÆUS.) donné par mademoiselle Suzanne Lagier.

Etc., etc., etc.

IV

Le Théâtre.

Sur les murailles s'étendait une fresque peinte par M. Lemercier de Neuville, représentant une salle de spectacle où les charges des spectateurs, fort ressemblantes, se prélassaient dans les loges.

Le théâtre, au fond de la salle, ne comportait pas moins de seize plans de profondeur, et était machiné de manière à y représenter des féeries aussi compliquées que la *Biche au bois*.

Personnel.

Bailleur de fonds et propriétaire : M. AMÉDÉE ROLLAND.
Directeur privilégié : M. LEMERCIER DE NEUVILLE.
Régisseur général : M. JEAN DUBOYS.
Lampiste, machiniste, en un mot
   toutes les fonctions viles : M. CAMILLE WEINSCHENCK.

Matériel.

Huit poupées, sculptées par M. Demarsy, acteur de la Porte-Saint-Martin ;

Douze costumes, exécutés par les maîtresses des membres de l'administration ;

Trente-six décors, peints par Edmond Wittersheim et Lemercier de Neuville, mais retouchés par M. Darjou, qui avait peint la façade du théâtre.

Deux décors, le salon Louis XV et la cuisine, qui servaient dans *Signe d'argent*, étaient l'œuvre de l'heureux mortel auquel madame Alphonsine des Variétés a dit un jour : « Sois mon Caïus, je serai ta Caïa ! »

Passons à la liste des ouvrages représentés sur ce théâtre, au cours de l'été de 1862 et de l'hiver de 1863, à la fin duquel, à cause du déménagement de M. Amédée Rolland, l'*Erôtikon Théatron* ferma ses portes :

1 *Erôtikon Théatron*, prologue en vers, par M. Jean Duboys ;

2 *Signe d'argent*, vaudeville en trois actes, du même;

3 *Le dernier Jour d'un Condamné*, drame en trois actes, par M. Tisserant;

4 *Un Caprice*, vaudeville en un acte, par M. Lemercier de Neuville;

5 *Les Jeux de l'Amour et du Bazar*, comédie de mœurs, du même auteur;

6 *La Grisette et l'Etudiant*, comédie en un acte, par M. Henry Monnier;

7 *Scapin maquereau*, drame en deux actes, en vers, par M. Albert Glatigny.

D'autres pièces avaient été commandées. M. Théodore de Banville avait promis une comédie en prose, et M. Champfleury une comédie en vers.

Des lettres d'invitation (1), imprimées chez Claye, furent envoyées aux personnes *dignes d'entrer*, et le 27 mai 1862, nous l'avons dit, le théâtre fut inauguré, en présence de MM. Paul Féval, Charles Bataille, Carjat, Alcide Dusolier, Emile Durandeau, Alphonse de Launay, Champfleury, Demarsy, Darjou, Charles Monselet, Poulet-Malassis, Tisserant, Charles de la Rounat, Debillemont, Duranty, Albert Glatigny, Jules Moineaux, Louis Ulbach, le colonel Lafont, Alphonse Daudet, Théodore de Banville, Henri Monnier, Léo Lespès, Omer de l'Ambigu, et de mesdemoiselles Guimond et Antonia Sari.

Un journal du temps, *le Boulevard*, donna le compte-rendu de la première représentation, dans son numéro du 1er juin 1862; c'était de la prose de Carjat lui-même, écrivant chez lui; bel exemple pour la *Revue des Deux Mondes!*

(1) Voir les Pièces justificatives.

« Encore un nouveau théâtre! un théâtre d'intimes! *Erótikon Théatron*, ce qui veut dire Théâtre des Marionnettes amoureuses. Rassurez-vous, tout s'y passe le plus convenablement du monde; les coups de bâton y sont toujours protecteurs de la morale, et si la mère ne peut y conduire sa fille, en revanche le plaisir y attire des peintres et des littérateurs de talent.

« La façade du théâtre, peinte par Darjou, mérite une description spéciale, — mais *Prologus* va remplir ma tâche, — Prologus, c'est-à-dire un bouffon personnage, à qui Jean Duboys fait dire des vers charmants, que nous ne pouvons tous citer, faute d'espace, mais dont voici un échantillon :

> Messieurs, salut; salut mesdames;
> Vous les grâces, et vous les flammes,
> Intelligences et beautés,
> Le personnel de cette scène,
> Ce soir, va faire son étrenne
> Devant vos doubles majestés
>
> Il ne manquera pas de zèle;
> Mais, ainsi que la demoiselle
> Que l'on nomme Anna Bellangé.
> Ce personnel assez folâtre
> N'a paru sur aucun théâtre
> Et désire être encouragé.
>
> Cachez donc bien vos clefs forées,
> Point de clameurs exagérées,
> Où l'on imite exactement

Les mille bruits de la nature,
Depuis l'orage et son murmure
Jusqu'au chien et son aboiment.

Nous comptons sur votre sagesse
Pour que personne ne transgresse
Cet avertissement léger,
Et même dans notre service,
Nous avons omis la police,
De peur de vous désobliger.

Notre nouveau théâtre a fait des frais énormes ;
Veuillez vous assurer que tout est peint à neuf ;
Arlequin suspendu fait admirer ses formes,
Et Jourdain ses souliers brillants, cirés à l'œuf.

Pierrot pendu fait la grimace,
Et de son œil écarquillé,
Il contemple une contrebasse,
Auprès du pot qu'il a pillé.

La triste Melpomène et la folle Thalie
Changent enfin de robe après quatre cents ans :
L'une va chez Ricourt pour jouer Athalie ;
L'autre reste aux *Ducs Jobs*, passés, futurs, présents.

Voyez s'enrouler sur leurs têtes
La vigne mêlée au laurier,
Rameaux sacrés que les poëtes
Aiment surtout à marier.

. . . .

. . . .

Du reste notre privilége
Admet tous les genres : ballets ;
Pièce à femmes, et son cortége
De jupons courts et de mollets ;
Drame à canon, si je voulais !...

« Comme vous voyez, ces marionnettes sont assez littéraires ; aussi M. Darjou a-t-il peint la façade du théâtre avec non moins d'art que Jean Duboys l'a décrite. Nous lui en faisons nos compliments sincères. »

Cette première représentation fut suivie d'un grand souper. M. Champfleury porta ce toast audacieux :

« A la mort du Théâtre-Français ! à la prospérité des Marionnettes ! »

Des vers furent récités. M. Alcide Dusolier régala une fois de plus ses amis d'un poëme qui a pour titre *Phanor*. On le soufflait.

Quand vint le tour de M. Charles Monselet, M. Duranty se leva, et protesta, au nom de la prose, contre cette avalanche de vers.

Plusieurs personnes réclamant à grands cris *les Petites Blanchisseuses*, la discussion menaçait de s'envenimer ; M. Monselet y mit un terme, en disant, d'une voix grave et émue :

« Messieurs, si je dois être la cause d'une collision, je me retire. »

A deux heures du matin, on se sépara, et M. Champfleury, toujours *petit Bineau*, en s'enretournant, tira religieusement tous les cordons de sonnettes qu'il put appréhender en son chemin (1).

(1) Voir les *Souffrances du professeur Delteil*.

VI

M. Monselet dînait chez M. Amédée Rolland. Tout d'un coup il se lève, prend sa canne et son chapeau, et déclare qu'il sort pour assister, au Gymnase, à la première représentation de *la Perle noire*.

« Reste donc, dit M. Lemercier de Neuville, nous nous sommes procuré le manuscrit de la pièce, et nous allons te la jouer. De cette façon, tu rempliras tes devoirs de critique, — et tu auras du dessert. »

On improvisa, séance tenante, une pièce sous le titre de *la Perle noire*.

M. Monselet eut la bonté de croire qu'il assistait à la première représentation du chef-d'œuvre de M. Sardou, et, comme de juste, en fit un compte-rendu des plus élogieux dans *le Monde illustré*.

VII

Aujourd'hui, de ce théâtre, il ne reste rien, qu'un souvenir de gaîté et de folie.

Des bourgeois (détournez votre face) se sont intallés dans la maison de la rue de la Santé ; — les fresques sont couvertes d'un lait de chaux ; — et les auteurs des bouffonneries gaillardes qu'on va lire, se livrent à la composition d'ouvrages sérieux, afin de mériter la peine d'Académie à perpétuité.

L'ILLUSTRE BRISACIER.

THEATRE EROTIQUE

DE LA RUE DE LA SANTE

PREMIÈRE PARTIE

LA GRISETTE
ET L'ETUDIANT

PIÈCE EN UN ACTE

PAR

M. HENRY MONNIER (1)

---

(1) La première édition du *Théâtre érotique de la rue de la Santé*, dit : « par l'auteur des *Bas-Fonds de la Société*. »

Les *Bas-Fonds de la Société* sont un curieux livre de M. Henry Monnier, imprimé à Paris, chez Claye, et tiré à cent exemplaires, avec l'autorisation de la police. Le livre fut déposé en même temps que les noms des souscripteurs. Ces noms valent sans doute un billet à La Châtre ; — mais à quoi bon se faire mettre sous presse PAR TOLÉ-RANCE ? Nous n'avons pas compris.

Les *Bas-Fonds* ont eu, depuis 1863, deux contrefaçons à l'étranger, tirées l'une et l'autre à petit nombre.

PERSONNAGES

L'ÉTUDIANT.
LA GRISETTE.
LA VOIX DE M. PRUDHOMME.

—

La scène se passe à Paris, dans une chambre meublée, rue de la Harpe, en 1830 au plus tôt, en 1840 au plus tard.

AVERTISSEMENT

M. Henry Monnier répudie énergiquement la paternité de cette comédie.

Que Joseph Prudhomme, à l'instar de l'Eumolpe de *Pétrone*, rougisse au moyen du fard des gaîtés de sa jeunesse, devant les imbéciles divers, nous le voulons bien ; mais, de lui à nous, cette pudeur empruntée à la chimie est hors de propos.

Lorsqu'il vint offrir *la Grisette et l'Etudiant* à l'administration du *Théâtre de la rue de la Santé*, Monnier avait passé la soixantaine.

Lui-même fit parler les trois personnages de la comédie.

Lui-même vint recevoir, avec l'im-per-tur-ba-bi-li-té cons-ti-tu-ti-on-nel-le du cabotin induré les fé-li-ci-ta-ti-ons de spectateurs idolâtres et vertueux, parmi lesquels on remarquait MM. Paul Féval, Paul Blaquière, alors mélancolique et poitrinaire (1), Charles Bataille, Edmond Du-

---

(1) Théresa lui a depuis fait deux filles : *La Vénus aux Carottes* et *La Femme à Barbe*. La mère et les enfants se portent bien.

ranty, Albert Glatigny, etc., etc., sur lesquels planaient visiblement les ombres de tous les rapporteurs éventuels du prix Monthyon.

Le manuscrit autographe de M. Henry Monnier, dont nous sommes l'heureux possesseur, ne peut d'ailleurs laisser de doute sur le concubinage auquel cet égrillard funèbre s'est livré avec mademoiselle Musa, afin de procréer *la Grisette et l'Étudiant*.

Voyons, Monnier, tu as vraiment tort de renier ton essai de comédie libre. Il te sera compté pour plus que les rengaines dont tu attristes les soupers où ta place est marquée comme auteur des *Bas-Fonds*; — et il vaut mieux, mille fois, que ta pièce des *Peintres et Bourgeois*, faite en collaboration avec un commis voyageur mis à pied, et qui a obtenu un four si funèbre, dedans l'Odéon, noir caveau!

M. Monnier a donné deux représentations de *la Grisette et l'Étudiant* sur le Théâtre de la rue de la Santé.

Nous le jurons!

Et il nie, le récidiviste!

LA GRISETTE
ET L'ETUDIANT

L'ÉTUDIANT
(*Lisant une lettre*).

«... Mardi, à midi, je serai chez toi, plutôt avant qu'après. Aime-moi toujours comme je t'aime. Sois bien sage et bien raisonnable, mais pas trop cochon. Si nous voulons, nous ferons des bêtises... » (*Parlé.*) Onze heures dix... Elle ne viendra pas. (*Relisant.*) «... Mardi, à midi... » (*Parlé.*) Elle n'est pas en retard... Mettons sa chaise... Onze heures et demie! (*Relisant.*) «... Je serai chez toi plutôt avant qu'après... » (*Parlé*). Onze heures trois quarts!... (*On entend* toc, toc, *à la porte.*) Qui est là?...

UNE VOIX FLUTÉE

Moi!

L'ÉTUDIANT
(*Faisant semblant de ne pas la reconnaître*).

Qui ça, vous?...

LA MÊME VOIX FLUTÉE

Moi !!...

(*Il ouvre. Entre la grisette, rouge comme une pivoine qui aurait monté six étages*).

LA GRISETTE

Bonjour, mon chien. Comment ça va ?... Dieu, que c'est haut ! Je suis tout essoufflée... Et ta portière qui me demande toujours où je vais, comprends-tu ça ?... Elle me fait répéter pour me faire endêver... aussi, je l'abomine, cette vieille bosco-là !... M'embrasses-tu ?... Laisse-moi ôter mon chapeau.

L'ÉTUDIANT
(*Avec l'empressement de l'homme qui bande*).

Donne-le-moi, mon ange.

LA GRISETTE
(*Se débarrassant de son chapeau*).

Tiens... M'aimes-tu, tit chat ?... Viens m'embrasser.

L'ÉTUDIANT
(*Qui la tient dans ses bras*).

Oui...

LA GRISETTE
(*Avançant son petit museau contre les lèvres de son amant*).

Nous serons bien sages, par exemple !

L'ÉTUDIANT
(*Qui bande plus que jamais, lui faisant une langue*).

Oui...

LA GRISETTE

Ah ! pas comme ça, tit chat, pas comme ça... Ah ! t'es cochon !... Pas la langue, non, t'en prie, pas la langue... Devine ce que j'ai sous mon châle ?...

L'ÉTUDIANT
(Qui bande trop pour deviner quoi que ce soit).

Des bretelles brodées par toi?...

LA GRISETTE
(Qui s'est soustraite, pour un instant, aux langues de son amant, et qui sautille dans la chambre comme une bergeronnette).

Non... Dans un pot?...

L'ÉTUDIANT

Des bretelles... dans un pot?...

LA GRISETTE
(Riant aux éclats).

T'es bête! Dans un pot, c'est du raisinet que maman m'a envoyé pour mon hiver... Tu l'aimes, le raisinet, n'est-ce pas, gros minet? Nous le mangerons.

L'ÉTUDIANT
(Qui n'a d'autre préoccupation que de baiser la grisette).

Oui...

LA GRISETTE
(S'arrêtant devant la cheminée).

Tiens! où est donc ta pendule?...

L'ÉTUDIANT

Chez l'horloger.

LA GRISETTE

Et le verre aussi, n'est-ce pas?... Elle est chez ma tante!...

L'ÉTUDIANT

J'en ai peur.

LA GRISETTE
(Boudeuse).

Ah! oui, je sais... C'est pour l'autre jour, avec ta

madame Machin, que vous avez été à Meudon me faire des queues... (*Avec élan.*) J'avais justement de l'argent, vingt-cinq francs... je te les aurais prêtés !...

L'ÉTUDIANT
(*Qui est parvenu à l'attirer sur une chaise*).

T'es bête, va !...

LA GRISETTE

Baisez-moi vite, mauvais sujet... Baisez-moi !... (*Il lui fait une langue prolongée.*) Non... pas comme ça, mon chien, pas comme ça... t'en prie !... Recommencez... Pas de bêtises, tit chat !... t'en prie !... (*Il lui pince amoureusement le cul.*) Je veux pas... non !... travaille !... (*Il lui patine la poitrine.*) Non... laisse-moi... te dis... Je viens ici pour que tu travailles... Je vais me mettre à côté de toi... (*Elle saute sur une chaise voisine.*) C'est ça... sois bien zentil !... Y a-t-il longtemps que je t'ai vu !... Baisez-moi, vilain méchant... baisez-moi mieux que ça... Dis donc, a-t-elle autant de gorge que moi, ta madame ?...

L'ÉTUDIANT
(*Qui en a plein les mains.*)

Hou ! Hou !...

LA GRISETTE
(*Se cambrant pour mieux faire saillir ses tétons*).

Je suis sûre qu'elle ne se tient pas comme la mienne... C'est que tu n'en trouveras pas comme ça tous les deux jours, sais-tu, tit chat ? Non !... Elle est mieux mise, ta dédame, mais elle n'a pas mon corps... Tiens, vois mes nénets, comme ils sont engraissés... (*Elle les met à la fenêtre de son corsage.*) Les aimes-tu, mes pommes?... (*Il les branle du doigt et de la langue.*) Oh! non... n'y touchez pas, monsieur!... Je veux les conserver longtemps... Non, t'en prie... Ah!... Non... tit chat... non... Travaille... Ah!... cochon!...

L'ÉTUDIANT
(*L'attirant sur ses genoux, et lui retroussant sa robe*).

Mais je travaille aussi.

LA GRISETTE
(*Se défendant mollement*).

Pas ce travail-là... Je veux que tu soyes raisonnable... (*Il lui écarte les cuisses.*) Eh bien!... Eh bien! où vas-tu comme ça?... Qu'est-ce que tu fourrages là-dedans?... Ah! comme t'es cochon! comme t'es cochon!... Je ne veux pas, non... je te connais : quand tu l'as fait, tu me renvoyes... Non... t'en prie! Non... te dis... tit chat... Non!... Non!... pas comme ça... ça me tire l'estomac... (*Il la branle.*) Laisse mon bouton... mon tit bouton... Bien!... Ah!... oui!... (*D'une voix languissante.*) Travaille...

L'ÉTUDIANT
(*Remplaçant son doigt par sa pine*).

Je travaillerai après...

LA GRISETTE
(*Qui commence à faire ses yeux blancs*).

Non... tit chat... Sais bien ce que t'as fait l'autre fois... Non! Oh! non!... Faut donc toujours vous céder?... Oui... tu veux le faire... Ah!...

L'ÉTUDIANT
(*Poussant sa pointe*).

Oui...

LA GRISETTE

Sur le lit, mon chien... sur le lit... on est mieux pour faire ça... (*Il la porte sur le lit, et commence l'assaut avec une certaine furie.*) Attends... attends donc que je relève ma robe dessous... tu veux donc tout me déchirer !... Tiens... me voilà... Va... Pas comme ça, donc ! tu vas chez le voisin... Laisse-moi le conduire... Na !... Attends, mon petit homme... Oh !... attends !... Faisons-le longtemps, bien longtemps ; n'est-ce pas, tit chien ?... Tu y es... Me sens-tu ?...

L'ÉTUDIANT
(*Jouant avec vigueur des reins*).

Oui...

LA GRISETTE
(*Jouissant, et ne pouvant retenir ses soupirs de bonheur, qui ressemblent au cri du geindre*).

Han !... han !... han !... Que c'est bon !... Je jouis !.. Va !... Han !... Ah ! que c'est bon...

L'ÉTUDIANT
(*Jouissant aussi, mais plus silencieusement*).

Cher ange !... je t'aime !...

LA GRISETTE
(*Répondant aux coups de pine de son amant par autant de coups de cul*).

Tu... m'ai...meras... tou... toujours ?...

L'ÉTUDIANT
(*Qui n'est pas encore désarçonné*).

Oui...

LA GRISETTE
(*Au paroxisme de la jouissance, et criant*).

Va !... va !... va !... petit homme... Pas tout de suite...

Pas encore... Ah ! cela vient... Tu me mouilles... Ah ! comme je jouis, mon Dieu ! comme je jouis !... Ça me va dans la plante des cheveux... Ah !... oui !... tue-moi !... Ah ! tue-moi... Ah ! tue-moi !...

LA VOIX DE M. PRUDHOMME

Pas d'assassinat dans la maison, s'il vous plaît !... Eh ! là-bas, avez-vous bientôt fini vos turpitudes ?...

LA GRISETTE

(*Gigottant toujours*).

Qu'est-ce qu'est donc là, à côté ?

LA VOIX DE M. PRUDHOMME

Vous allez me porter à de regrettables attentats sur ma personne...

(*Les deux amants, qui n'ont pas encore tout-à-fait fini, ne soufflent mot ; le lit seul parle pour eux, éloquemment*).

LA GRISETTE

(*Dans les dernières convulsions du bonheur*).

Qu'est-ce qu'est donc là, à côté ?

L'ÉTUDIANT

(*Limant encore, pour l'acquit de sa conscience, car il ne bande plus aussi raide*).

Une vieille bête !...

LA GRISETTE

(*Qui bande toujours*).

Nous le faisions si bien !... Je voudrais recommencer... Et toi, tit chat ?...

L'ÉTUDIANT

(*La branlant, pour laisser un instant souffler sa pine*).

Moi aussi...

LA GRISETTE
(*Qui est pour la jouissance sérieuse, et non pour les à-peu-près*).

Pas comme ça !... Polyte, mon Lilyte, ôte ta main, ôte ta main... Non ! veux pas..... Ote ta main... t'en prie !...

LA VOIX DE M. PRUDHOMME

Hippolyte, ôtez donc votre main !

L'ÉTUDIANT
(*A M. Prudhomme*).

Vous n'allez pas nous foutre la paix, vous !...

LA VOIX DE M. PRUDHOMME

Très-bien, monsieur... Vous me faites sortir de mon lit... J'abandonne la place... Je vais achever ma sieste dans une chambre voisine, pendant que vous achèverez vos impudicités dans la vôtre...

L'ÉTUDIANT

Enfin, il est parti, cet imbécile... Qu'est-ce que nous disions déjà ?...

LA GRISETTE
(*Qui ne perd pas son sujet de vue ni de main*).

Nous disions, tit chat, que nous faisions des bêtises... Je voudrais bien vous embrasser... Donnez-moi votre petit bécot..... (*Lui pelotant les couilles et lui chatouillant le membre.*) Je veux voir si vous êtes en état (*S'apercevant qu'il bande*)... Oui, vous êtes en état, cochon !... (*Avec admiration, et voulant profiter de l'occasion.*) Il est plus fort qu'il n'était tout-à-l'heure... Et dur ! on dirait du fer !... Comment une si grosse affaire ne vous crève-t-elle pas le ventre quand elle entre ?... (*Elle s'en empare avidement et se l'introduit.*)

Attends, mon chien, attends... Ça y est bien, à présent... Va !... Ah !... maman... Ah ! maman !... maman !...

L'ÉTUDIANT
(*Qui jouit plus silencieusement, mais tout aussi profondément*).

Ah ! cher ange ! cher ange !...

LA GRISETTE
(*Nageant dans un lac de félicités*).

Oh ! va ! va !... Mais va donc !... Pousse, tit homme... pousse !... mais pousse donc !... Ah ! comme je te sens bien !... Ah ! maman, maman, que c'est bon !... Comme tu fais bien ça, mon chéri... As-tu autant de bonheur que moi ?... Parle-moi, t'en prie... Ah ! que c'est bon !... Dis que tu m'aimes bien... mais, là, bien !

L'ÉTUDIANT
(*Poussant toujours*).

Oui...

LA GRISETTE
(*Tortillant des fesses*).

Dis-le toi-même !...

L'ÉTUDIANT

Je t'aime bien.

LA GRISETTE
(*Suppliante*).

Donne-moi ta langue... ta chère bonne petite languette... (*Impérieusement.*) Ta langue ! ta langue ! Ah ! mon minet... Ah !... ah !... ah !...

L'ÉTUDIANT

Ma poulette !...

LA GRISETTE
(*Pâmée*).

Ta poulette, oui... Ta petite poule chérie... Ta... ta... poule... chérie...

L'ÉTUDIANT.

Oui...

LA GRISETTE
(*Faisant casse-noisette*).

Sens-tu comme je te le serre?... Va au fond... bien au fond... Pousse, mon petit homme... pousse... Tu me diras quand ça viendra...

L'ÉTUDIANT
(*Précipitant ses coups*).

Oui...

LA GRISETTE
(*Suppliant*).

Pas sans moi! pas sans moi!... Ensemble!... jouis... jouissons... ensemble.... bien... ensemble!... Oh!... maman!... maman!... maman! que c'est bon!... Tue-moi!... tue-moi!... tue-moi!... Oh!

L'ÉTUDIANT
(*Qui a déchargé*).

Oui...

LA GRISETTE
(*Crispant pieds et mains*).

Ah!... ah!... ah!... j'ai bien joui... oui!... Et toi, tit chat?... Et toi?...

L'ÉTUDIANT
(*Retirant sa queue*).

Moi aussi...

LA GRISETTE
(Avec reproche).

Ah! tu te retires!... Pourquoi ne l'as-tu pas laissé dans moi?... Je ne l'aurais pas mangé, va!... Reste encore comme avant... là... ventre contre ventre... Déjà fini!... Ah! c'est bête!... Ça devrait durer toute la vie...

(Silence... Les deux amants, toujours entrelacés, se becquetent tendrement encore, mais sans jouer des reins. La grisette serre avec énergie l'étudiant contre sa poitrine, en soupirant et en tressaillant sous les derniers frissons de la jouissance ; pour un peu, elle recommencerait ; déjà même, sa main, se faufilant sous les couilles de son amant, s'apprête à les chatouiller et à réveiller en elles le sperme qui dort ; mais l'étudiant, qui n'a que deux coups à son arc, se soustrait brusquement à cette invitation, en sautant à bas du lit).

L'ÉTUDIANT
Est-ce que je ne t'ai pas dit que j'avais à sortir?

LA GRISETTE
(Étonnée).

Non... Vois comme tu es cochon... Quand tu l'as fait, tu me renvoyes!... C'est toujours la même chanson...

L'ÉTUDIANT
Puisque j'ai à sortir.

LA GRISETTE
(Toujours sur le lit, et pleurant à chaudes larmes)

Hi! hi! hi!... hi! hi!...

L'ÉTUDIANT
(Contrarié).

Ah! si tu pleures, nous allons joliment nous amuser.

LA GRISETTE
(*Toujours pleurant*).

Moi qui comptais tant que nous sortirions ensemble !... Hi ! hi ! hi !...

L'ÉTUDIANT
(*Avec impatience*).

Puisque je te dis que j'ai une commission pour ma mère !

LA GRISETTE

Elle vient donc d'arriver, ta mère ?

L'ÉTUDIANT

Je ne te l'ai pas dit ?...

LA GRISETTE

Tu me l'as dit la dernière fois... Ah ! je suis pas heureuse, moi... Non... j'ai pas de chance... C'est comme la robe que tu m'avais promise...

L'ÉTUDIANT

Tu l'auras !...

LA GRISETTE
(*Sautant à bas du lit*).

Quand ?... la semaine des quatre jeudis, n'est-ce pas ?...

L'ÉTUDIANT
(*Allant à son secrétaire*).

Tiens, la voilà, ta robe !... (*Il lui jette avec colère une pièce de vingt francs.*)

LA GRISETTE
(*Éclatant de douleur*).

C'est pas comme ça que je la voulais !... c'est pas

comme ça!... Ah! mon Dieu!... mon Dieu!... (*Elle sanglotte et se pâme.*)

L'ÉTUDIANT
(*Courant à elle*).

Eh bien! quoi! tu vas te trouver mal à présent! Fanny! Fanny!... Pauvre chatte chérie... Réponds-moi... Fanny! Fanny!... Je t'en prie!... (*Il la prend dans ses bras, et la caresse tendrement*) Tu pleures!... Fi! que c'est vilain!... Voulez-vous bien vite essuyer ces vilaines larmes-là!...

LA GRISETTE
(*Riant d'un œil et pleurant encore de l'autre*).

Non! je pleure plus... je ris... tiens!... Et toi aussi, t'as pleuré... Baise-moi, et sois plus méchant, tit chat!... T'en veux plus, mais plus du tout!...

FIN.

LE DERNIER JOUR
D'UN CONDAMNÉ

DRAME PHILOSOPHIQUE EN TROIS ACTES

PAR

M. JEAN-HIPPOLYTE TISSERANT (1)

---

(1) La première édition du Théâtre érotique dit « par le Vicaire de Wakefield (de l'Odéon). » Cette finesse cousue de fil blanc est décousue dans l'Avertissement ci-contre.

PERSONNAGES

JEAN COUTAUDIER.
LE PRÉSIDENT DES ASSISES.
LE PROCUREUR DU ROI.
UN AVOCAT D'OFFICE.
LE PRÉSIDENT DU JURY.
LE VÉNÉRABLE AUMONIER DES PRISONS.
MONSIEUR DE PARIS.
UN GREFFIER.
UN AGENT DE POLICE.
UN GUICHETIER.
NEZ-D'ARGENT, témoin à charge.
PIMPRENELLE, blanchisseuse, témoin à charge.
SPECTATEURS, GENDARMES, AGENTS, etc.

—

L'action, à Paris, en 1843.

AVERTISSEMENT

La légende de Jean Coutaudier a fourni le sujet de ce drame.

M. Tisserant, ancien acteur de l'Odéon, et auteur, en collaboration, du *Vicaire de Wakefield*, pièce emmerdante, s'il en fut, voulut prendre sa revanche du four odéonien avec *le Dernier Jour d'un Condamné*.

Sa maîtresse en ce temps-là, mademoiselle Mosé, assistait à la lecture qu'il fit de sa pénible élucubration au directeur du Théâtre érotique, et proposa presque à M. Lemercier de Neuville de se prostituer à lui, si la pièce n'était pas reçue à correction.

M. Lemercier répondit froidement que si l'œuvre de M. Tisserant avait réellement des qualités littéraires, que si elle était bonne en elle-même, et de nature à moraliser les masses, il la recevrait à tour de bras; — mais en même temps, il offrit son mouchoir à mademoiselle Mosé, qui comprit, — comme si elle avait été de la maison de Molière.

Ainsi, plus que tous les membres de l'Aréopage, peut-on se montrer homme de Plutarque!

On admira, au troisième acte, un superbe panorama

mouvant du Palais de Justice, du Pont de la Tournelle, et des quais, jusqu'à la Place de Grève.

M. Tisserant fit agir et parler la marionnette principale, — et pourtant *le Dernier Jour d'un Condamné* ne fut joué qu'une fois. Cette accumulation de plaisanteries funèbres sur la guillotine avait laissé les spectateurs sinistrement impressionnés.

M. Jules Claretie, l'écureuil de la jeune petite presse, rendit compte de la représentation dans *le Diogène*, — et M. Henri de Pène, dans le feuilleton de *l'Indépendance belge*. Cet écrivain par ambassadeur s'était manifesté au Théâtre érotique sous la forme du mage Henri Delaage.

Le Jean Coutaudier de Jean Tisserant et le Jean Hiroux de Monnier, ce Jean, sont le même personnage.

Jean Tisserant en revendique la création.

Monnier Jean prétend que Tisserant lui a volé son idée.

A force de forger on devient tisserand.

Ils ont sans doute raison tous deux.

LE DERNIER JOUR
D'UN CONDAMNÉ

ACTE PREMIER

LA COUR D'ASSISES

LE PRÉSIDENT DES ASSISES, COUTAUDIER, LE PROCUREUR DU ROI, NEZ-D'ARGENT, PIMPRENELLE, L'AVOCAT D'OFFICE, LE GREFFIER, LE PRÉSIDENT DU JURY, L'AUDITOIRE (personnage muet).

LE PRÉSIDENT
Accusé, levez-vous. (*L'accusé se lève.*) Vos nom et prénoms ?

COUTAUDIER
(*D'une voix enrouée qu'il a durant toute la pièce*).
Rue de la Huchette.

LE PRÉSIDENT
Je vous demande comment vous vous appelez ?...

L'ACCUSÉ

Ah !... Jean... Jean Coutaudier, né sous le beau ciel de l'Italie.

LE PRÉSIDENT

Accusé, soyez attentif à ce que vous allez entendre.

LE PROCUREUR DU ROI
(*Lisant*).

« Le 23 décembre 1843, vers minuit, un patrouille de la force civique heurtait de son pied invincible le corps d'un vieillard encore chaud, d'environ soixante-dix à soixante-onze ans, non loin de ce lieu sinistre où les farouches sectaires de l'infâme Robespierre firent tomber tant d'innocentes têtes, sans compter les royales, et au sud-est de l'Hôtel des immortels Invalides ! Une autre patrouille de soldats, défenseurs de la famille, de l'ordre public et de la religion, arrêtait un homme en désordre et qui semblait fuir, tant son pas était véloce. On le confronta avec le cadavre qui ne le reconnut pas ; mais le bon sens des deux caporaux, dont l'un était sergent, aidé d'ailleurs du témoignage des témoins qui... témoignèrent, mirent cet homme à la disposition de la justice, et le cadavre à la Morgue, où il ne fut que trop reconnu par sa famille désolée et indigente, qui porte l'honorable nom, si connu et si justement apprécié de Chasangin. »

LE PRÉSIDENT

De plus, et en outre, accusé, vous allez entendre les charges qui sont produites contre vous. (*A l'huissier.*) Introduisez le premier témoin. (*Au témoin qui est in-*

troduit, avec volubilité.) Vos nom, prénoms, âge et demeure. Vous jurez de dire la vérité, et au besoin, toute la vérité ?

PIMPRENELLE

Je le jure... Jacinthe Pimprenelle, blanchisseuse du Bas-Meudon, dix-neuf ans, émue et pas encore mariée. J'étais allée avec mon cousin Géromé aux Délass-com, lui au parterre et moi au paradis ; même que nous nous sommes perdus... lui en sortant, et moi avec un sapeur-pompier, qui a eu la pudeur de me mettre dans un fiacre toute seule, à preuve qu'il en est descendu près de sa caserne. J'ai pris le chemin de fer de Versailles, où je me suis endormie, tant j'étais contrariée... d'avoir perdu mon cousin Géromé, que j'ai retrouvé au Bas-Meudon, le *surlendemain* matin, par l'obligeance d'un lancier qui m'a remise dans mon chemin toute la nuit par le bois de Meudon ; ce qui fait que je ne reconnais pas bien M. l'accusé, que je n'ai jamais vu, d'ailleurs.

LE PRÉSIDENT

(*Après avoir souri au témoin, et d'un air satisfait*).

C'est bien ; allez vous asseoir. (*A l'huissier.*) Introduisez un autre témoin. (*Au nouvel introduit.*) Vos nom, prénoms, âge et demeure ? Vous jurez de dire la vérité, rien que la vérité, toute la vérité ? Levez la main ; pas celle-là... l'autre, la droite.

LE TÉMOIN

(*D'un air rigolo, levant toujours la main gauche*).

Puisque je n'en ai qu'une !

LE PRÉSIDENT
(*Convaincu*).

C'est juste... Vous dites que vous vous nommez ?...

LE TÉMOIN

Mutius-Scévola Brancart, dit Naz-d'argent.

LE PRÉSIDENT
(*Prêtant l'oreille*).

Vous dites ?...

COUTAUDIER

Naz... pif de bog.

LE PRÉSIDENT
(*Prêtant encore plus attentivement l'oreille*).

Vous dites ?...

LE PRÉSIDENT DU JURY
(*Qui a lu Francisque Michel*).

Naz... pif... bog... c'est-à-dire, trompe ou nez d'argent.

LE PRÉSIDENT
(*Satisfait*).

Ah! (*Au témoin.*) Dites ce que vous savez.

NEZ-D'ARGENT

Si bien que nous étions t'en Italie, pas c'te fois-ci, ni l'autre... la première. Le général Bonaparte, qui s'y connaissait aussi, nous fait dire par un de ses amis : « En avant! » Et v'là comme nous avons servi les Autrichiens sur le plateau de Rivoli! Un an après que je m'suis eu défait de mon bras droit, je suis t'entré à l'Hôtel avec mon fusil d'honneur à la boutonnière. La discipline est encore bien sévère, là! Faut être rentré de meilleure heure... sans ça, en revenant de chez mon p'tit n'veu, j'aurais pu empêcher la bêtise qu'est arri-

vée à c't'ancien !... mais la discipline est si sévère !...
même que je ne sais rien... Voilà ce que je sais...

LE PRÉSIDENT
(Satisfait).

C'est bien ; allez vous asseoir.

NEZ-D'ARGENT
(Au président).

Il fait chaud, mon col'nel !...... ousqu'on touche les quarante sous ?

COUTAUDIER

Suivez le grand couloir ; vous tombez dans les Pas-Perdus, vous descendez, et, en tournant à gauche, vous y êtes.

LE PRÉSIDENT

C'est bien, accusé ; merci de votre obligeance, mais la France sait ce qu'elle doit à ses défenseurs ! (*Avec bonté, au témoin.*) Après l'audience, mon brrrrave, on vous y conduira. (*A l'accusé.*) Accusé, avez-vous quelque chose à objecter contre ces diverses dépositions ?

COUTAUDIER

C'est pas vrai ! c'est pas vrai ! c'est des gens qui me veut du mal !... Je suis une victime politique !... Dans les journées 27, 28, 29, 5 et 6 juin, 17 et 18 Transnonain, 12 et 13 mai, j'ai moissonné des gendarmes, des gardes royales, des gardes nationales ; j'ai sacrifié des sergents de ville ; j'ai tutoyé des municipals ; j'ai bousculé des réverbères !... on ne m'a rien dit, parce qu'on me craignait... et aujourd'hui, on prend le prétexte d'un vieux pour me faire avoir des mots avec le procureur du roi !... Vous êtes tous des galopins !

LE PRÉSIDENT

Toutes ces raisons, quoique bonnes, sont étrangères à la cause qui nous occupe.

COUTAUDIER

La défense n'est pas libre... Je me retire !

(*Il se lève; le gendarme le fait rasseoir*).

LE PRÉSIDENT
(*Avec intérêt*).

Non, non, restez, je vous l'ordonne...je vous en prie. Vous avez un moyen de conjurer peut-être les rigueurs de la loi et de mériter la bienveillance de la cour : c'est de dire toute la vérité à messieurs les jurés.

COUTAUDIER
(*Avec cœur*).

Mon président, vous avez l'air d'un bon zigue, mais je dois vous dire, dans l'intérêt de la société, que vous êtes cocu...

LE PRÉSIDENT
(*Piqué*).

Cela ne vous regarde pas... mêlez-vous de vos affaires!

COUTAUDIER
(*Vivement*).

Vous vous mêlez bien des miennes! (*Le président paraît foudroyé.*)... Du reste, c'est un flanche; vous voulez me le mettre... je la connais!... Mais comme on ne peut pas condamner un accusé sur ses propres aveux, et comme vous n'êtes pas foutu de vous en tirer, je vous tends la perche!... Voilà ce que c'est. (*Avec poésie.*) Tout reposait dans la nature; la moucharde au disque de bog avait remplacé Phœbus fatigué; les tonneaux brevetés commençaient à répandre dans les atmosphères un parfum aussi fort que celui de la fleur d'oranger ; la brise du soir se jouait dans ma chevelure, lorsque j'arrivai solitaire et rêveur sur la place de la Révolution...

LE PRÉSIDENT
(*Fier et doux*).

Pardon, pardon, accusé... de la Concorde.

COUTAUDIER
(*Qui n'a pas écouté le président*).

Oui ; pour lors, quand je fus sur la place de la Révolution...

LE PRÉSIDENT
(*Agacé, mais doux encore*).

Concorde !

COUTAUDIER

Oui !... j'aperçois un grand gosse, bien mis ! je l'ai suis jusqu'au pont des Arts... Il cause avec l'invalo, fouille dans ses propres poches, et gagne le pont qui inspire le plus de pitié...

LE PRÉSIDENT
(*Doux et curieux*).

Comment !... qui inspire ?...

COUTAUDIER

Eh oui ! le plus plaint, puisqu'on dit : plein comme un œuf...

LE PRÉSIDENT
(*Avec une joie d'enfant*).

Ah ! oui !... comme un œuf : Pont-Neuf !... (*Aux juges.*) Pas mauvais, pas mauvais du tout !

COUTAUDIER

Un gosse qui ne peut pas prendre le pont des Arts !... qu'est-ce que vous auriez fait à ma place, monsieur le président ?... Moi, je l'ai laissé continuer sa route, en lui donnant ma bénédiction... Pour lors, je reviens à la place Louis XV...

LE PRÉSIDENT
(Avec ménagement).

Pardon, accusé... mais vous affectez, ce me semble, de ne pas savoir le véritable nom de cette place... Pourquoi maintenant l'appelez-vous la place Louis XV?

COUTAUDIER
(Gravement).

Parce qu'on y a guillotiné Louis XVI.

LE PRÉSIDENT
(Satisfait).

Ah!...

COUTAUDIER

Pour lors, j'enquille le pont de la Ré... Louis XV... Concorde; *(Se tournant spécialement vers le président.)* ah!... et j'arrive sur l'esplanade des Invalos!... Je sentais Morphée qui m'égrugeait des pavots sur les chasses... Qu'est-ce que vous auriez fait à ma place, monsieur le président?...

LE PRÉSIDENT
(D'un air capable).

J'aurais été me mettre en ma couche.

COUTAUDIER
(Plus enroué que jamais).

Les opinions sont libres.

LE PRÉSIDENT
(Avec ménagement).

Je ferai observer à l'accusé qu'il ne parle pas très-distinctement, et je l'engage, au nom de la société, à ôter le morceau de... tabac qu'il a dans la bouche.

COUTAUDIER
(Hors de lui).

Ma chique ?... ôter ma chique !... Jamais !... plutôt la mort !... Mais vous, monsieur le président, v'là une heure que vous foutez vos pattes dans vot' tabatière, ça m'dégoûte, ça vous fait parler du nez... et j'vous dis rien !... J'garde ma chique !

LE PRÉSIDENT
(Aux jurés).

C'est juste... c'est juste... Pardon, accusé ; continuez.

COUTAUDIER

Il était... onze heures un quart... ou minuit et demi... au juste. J'aperçois un vieux... redingote verte... Je prie messieurs les jurés de bien remarquer : *redingote verte ! pantalon blanc, gilet blanc, cravate blanche et cheveux blancs !* Y en a qui disent que j'attendais l'omnibus ; d'autres qui prétendent que je l'ai tué parce qu'il était grêlé... C'est pas vrai... et d'ailleurs n'est pas grêlé qui veut... Je me dis : C'est un carlisse, c'est un ennemi du gouvernement !... Qu'est-ce que vous auriez fait à ma place, vous, monsieur le président ?

LE PRÉSIDENT
(Digne).

Je l'aurais salué.

COUTAUDIER.

Moi, j'y ai demandé l'heure... Pour lors, il s'a mis à courir... Un vieux qui veut courir, ça fait vesser !... Pour lors, j'lui dis : Va, mon vieux, j'te donne vingt pas d'escorte... Je l'attrape, je l'couche, je l'fouille :

trente ronds! Y veut crier... tapage nocturne!... septième chambre!... Qu'est-ce que vous auriez fait à ma place, monsieur le président? (*Le président paraît embarrassé.*) Moi, j'étais si en colère, que je l'ai tué; mais je n'l'ai pas assassiné... c'est un mouvement de vivacité.

LE PRÉSIDENT
(*Doux mais incrédule, et avec une certaine indignation*).

Comment! malheureux! vous dites que c'est un mouvement de vivacité!... et vous lui avez porté onze coups de couteau!...

COUTAUDIER
(*Indigné*).

C'est pas vrai! c'est pas vrai!! c'est pas vrai!!! j'y en ai donné treize... y en a deux qui ont glissé, c'est pas ma faute!... j'ai été trop vif. (*Avec une sombre amertume.*) Treize!... ça devait me porter malheur!

LE PRÉSIDENT
(*Chagrin*).

Et lui! lui! le pauvre vieillard!

COUTAUDIER
(*Sans réplique*).

Il a crié!!

LE PRÉSIDENT
(*Profondément indigné*).

Mais, malheureux, il résulte de l'autopsie du cadavre que la victime avait cessé de vivre après le premier coup. Pourquoi, d'après votre propre aveu, lui en avoir porté douze autres inutiles?...

COUTAUDIER
(*Avec franchise*).

C'est donc pas l'intérêt qui m'a guidé!...

LE PRÉSIDENT
(Insistant).

Mais, enfin, pourquoi ?

COUTAUDIER
(Souriant).

Ça, c'est une cascade de ma nature : je ne suis pas heureux aux jeux d'adresse ; et vous, monsieur le président ?

LE PRÉSIDENT
(Tristement).

Moi non plus.

COUTAUDIER
(Aux jurés).

Vous voyez bien !... Pour lors, après la perpétration du meurtre, je le concède, j'ai voulu voir si je mettrais dans le même trou... j'ai jamais pu ! (*Riant.*) Elle est pas mauvaise celle-là, hein ?

LE PRÉSIDENT
(Un moment après).

La cause est entendue. La parole est au ministère public.

LE PROCUREUR DU ROI
(Froid mais terrible).

Je ne dirai que quelques mots. L'obligeance de l'accusé à nous raconter le meurtre dans tous ses affreux détails, me dispense de rechercher les causes, les effets et les motifs qui ont conduit ce bras dès longtemps exercé au crime. Et c'est ici, messieurs, que la morale, sagesse des nations vraies, peut justement faire entendre sa voix prévoyante : que le vice mène fatalement à l'oubli de la vertu ; que la paresse, mère de tous les vices, conduit presque toujours les pauvres à la misère et trop souvent au crime, et que sans ordre on n'arrive à rien... Vous avez entendu ce grand coupable, messieurs les jurés... Vous l'avez vu se drapant, j'ose le dire, dans son cynisme, dont il s'est fait un manteau de mépris pour l'humanité et pour la société!... Je le recommande à toute votre sévérité. Soyez justes! soyez humains! soyez hommes enfin! Songez que la société a encore des enfants et des pères, et vous ne me refuserez pas la tête que je vous demande...

L'AVOCAT D'OFFICE
(D'une voix de tête, très-aiguë).

Messieurs les jurés, et vous, messieurs de la cour, vous ferez la part du trouble qui m'agite à mon premier début... mais...

COUTAUDIER

Allez apprendre à jouer du fifre, mon petit jeune homme; je ne veux pas être le cadavre sur lequel vous allez essayer vos outils... Je me défendrai moi-même!...

L'AVOCAT
(Il veut continuer; Coutaudier le fait asseoir d'un coup de poing).

Moi...

COUTAUDIER

Le législateur, dans sa bienveillante sollicitude, a voulu que tous soye égals. (*Hum.*) Vous demandez ma tête, monsieur le procureur du roi... je regarde vot' binette, et je comprends votre ambition. On veut m'ôter la vie... on n'en a pas le droit, et je le prouve... Si j'étais t'innocent?... je ne le suis pas, mais enfin, une supposition? rappelez-vous Calas à l'Ambigu!... rappelez-vous

M. Lacressonnière à la Gaîté, quand il dit : « J'en appelle à l'immortalité ! » Eh bien ! si j'étais t'innocent, pourreriez-vous me la rendre, la vie ?... vous, monsieur le procureur du roi ?... vous, monsieur le président ?... qui n'êtes pas foutus, à vous deux, d'animer un asticot de vot' vivant... après vot' mort, je n'dis pas... Mais, d'ailleurs, qué tort que j'y ai fait à ce vieux ?... Il avait soixante-dix ou onze ans... Eh bien ! qu'est-ce qui pouvait avoir encore à vivre, à vue de pif ? quinze jours ou trois semaines... Je les rembourse, mais qu'on me foute la paix !

LE PRÉSIDENT
Il n'est pas question de cela.

COUTAUDIER
Alors, je demande qu'on me change de gendarme... j'en ai un qui m'infecte considérablement.

LE PROCUREUR DU ROI
(Avec force).
C'est encore trop bon pour vous !

COUTAUDIER
(Après un silence).
Vous êtes cruel, monsieur le procureur du roi... *(Avec résignation.)* Restez, gendarme, mais ne remuez pas trop, car vous avez l'infirmité des pieds, que c'est ça !...

LE PRÉSIDENT
Accusé, avez-vous encore quelque chose à ajouter pour votre défense ?

COUTAUDIER
(Avec dignité).
J'ai à ajouter que la garde nationale m'emmerde.

LE PRÉSIDENT
(Contrarié).

Accusé, je ne puis tolérer de pareilles expressions : elles portent atteinte à la dignité de la cour.

COUTAUDIER

J'emmerde la cour ! je respecte messieurs les jurés... quant à vous, monsieur le président, vous êtes un vieux birbe !...

LE PRÉSIDENT

Comment ?... un birbe !...

COUTAUDIER

Oui, vous êtes un vieux ch'noc !...

LE PRÉSIDENT
(Avec bonté).

Accusé, je dois vous avertir, dans votre intérêt, que vous prenez un funeste système de défense, et que vous aggravez votre situation.

COUTAUDIER

Monsieur le président, si jamais le trône des mufles devient vacant, vous aurez des chances. *(Aux jurés.)* Y vont me condamner à mort, et y dit qu'j'aggrave ma situation ! *(Au président, avec véhémence.)* Vous voulez donc me condamner à seize francs d'amende !... Vous faussez la loi !... Je n'ai plus rien à dire !

LE PRÉSIDENT

Messieurs les jurés, vous avez entendu l'accusé ; vous avez ouï la brillante parole du ministère public. L'accusé prétend que c'est un moment de vivacité, causé par son amour pour le gouvernement ; monsieur le procureur du roi croit entrevoir que le mobile de ce crime, ou de ce meurtre, a été l'intérêt vénal... mais je dois à mon impartialité de vous prier de vous retirer dans la salle des délibérations, et d'agir dans l'intérêt de la justice, de la société et de tout le monde.

(*Sortie du jury*).

COUTAUDIER
Je demande à monsieur le président, qu'en vertu de son pouvoir discrétionnaire, il lui plaise m'entendre un moment.

LE PRÉSIDENT
(*Avec indulgence*).

Ce n'est guère l'usage, mais, pour vous... Nous vous écoutons.

COUTAUDIER
Pour lors, après la perpétration du... de la chose, j'étais rentré chez moi : je regardais ma pièce de trente ronds.

LE PRÉSIDENT
(*Curieux*).

A la vue de cet argent mal acquis, qu'éprouviez-vous ?

COUTAUDIER
(*Avec un grand dédain*).

De l'emmerdement...

LE PRÉSIDENT
(*Toujours curieux*).

Quand vous avez frappé ce vieillard, qu'éprouvâtes vous ?

COUTAUDIER
(*Franchement*).

De l'emmerdement.

LE PRÉSIDENT
(*De plus en plus curieux*).

Et, dans ce moment où la justice humaine vous atteint, qu'éprouvez-vous ?

COUTAUDIER
(*Avec la plus grande franchise*).

De l'em-mer-de-ment !...

LE GREFFIER
(*Annonçant*).

Messieurs les jurés !...

LE PRESIDENT DU JURY

Sur mon Dieu et mon âme, oui, l'accusé est coupable.

LE PRÉSIDENT
(*Passant sa tabatière d'une main dans l'autre, et visiblement troublé*).

Aux termes de l'article 331, le nommé Jean Coutaudier...

COUTAUDIER
(*L'interrompant*).

Mais je ne suis pas condamné pour viol !... c'est l'article 303 qu'il faut m'appliquer. (*Aux jurés.*) Ça fait l'malin, et ça n'sait seulement pas son code !... Oh ! là ! là !..

ACTE DEUXIEME

LA CONCIERGERIE

COUTAUDIER, UN GUICHETIER, MONSIEUR DE PARIS, L'AUMONIER DES PRISONS.

(On frappe à la porte du cachot).

COUTAUDIER
Entrez.

LE GUICHETIER
(Annonçant).
Monsieur l'exécuteur des hautes œuvres !

COUTAUDIER
Tiens ! c'est vous, père Sanson !... qu'est-ce que vous venez donc faire par ici ?...

SANSON
(D'une voix douce).
Je viens faire la petite toilette.

COUTAUDIER
C'est donc aujourd'hui le grand rasage ?

SANSON
(Soupirant).
Ah ! mon Dieu, oui !... Allons... asseyez-vous, et ne bougez pas, de peur de vous faire couper...

COUTAUDIER
Il fait frisquet... bouclez donc la lourde, hein !...
SANSON
(*Soupirant*).
Qué jolis cheveux! frisure naturelle! (*Mouvement de Coutaudier.*) Bougez donc pas!
COUTAUDIER
Pas si courts donc!... vous me foutez à la mal-content!... mais, nom de Dieu! vous me faites des échelles!... vous êtes donc bien pressé?... Ah! j'y suis; Jeannette, vot' p'tit Polonais, vous attend! Père Sanson, père Sanson, on fait des cancans, on dit qu'vous... c'est pas beau!... y vaut mieux tuer un vieux que d'en..... clouer des jeunes.
SANSON
Allons donc, méchante! qué joli cou !... ah !... dire que je vais couper ça !... du satin, quoi !...
COUTAUDIER
(*Indigné*).
Pas de pelotage, père Sanson! (*Avec dignité.*) Guillotinez-moi, mais ne me flétrissez pas !...
SANSON
Coquette !... c'est fait !... Au revoir, bon ami...
COUTAUDIER
Merde !
LE GUICHETIER
(*Annonçant*).
M. l'abbé Montès, aumônier des prisons !
COUTAUDIER
Qu'est-c'qui m'veut aussi, celui-là ?...

L'ABBÉ
(*Avec componction*).

O mon fils...

COUTAUDIER

De quoi ! de quoi ! vot' fils !... vous êtes donc aussi de la famille des boules de Siam ?... J'suis pas vieux qu'vous, et vous m'appelez vot' fils !...

L'ABBÉ
(*Toujours componctueux*).

O mon frère, alors...

COUTAUDIER

Vot' frère, à présent !... Au fait qué qu'vous voulez ?

L'ABBÉ
(*De même*).

Je viens vous apporter les consolations de la religion. O mon fils, songez que la justice de Dieu...

COUTAUDIER

Si elle est comme celle des hommes, la justice de Dieu, c'est encore du propre !... Vous savez, ô mon père.... puisque vous y tenez... qu'à un condamné on n'refuse rien...

L'ABBÉ

C'est selon... Si vous avez demandé la liberté ?...

COUTAUDIER

Ah ! ouin !....

L'ABBÉ

Du vin ?

COUTAUDIER

Non, ça m'est défendu, à cause de mon enrouement.

L'ABBÉ

De l'eau-de-vie?

COUTAUDIER

Non, ça me fait tousser. (*Avec rage.*) J'ai demandé un sergent de ville pour l'éventrer, et on me l'a refusé!!

L'ABBÉ

Allons, ô mon fils, versez vos chagrins et votre repentir dans le sein de Dieu... confessez vos fautes, et Dieu vous pardonnera... priez avec moi, la prière console et donne du courage.

COUTAUDIER

Prier?..... Je ne m'en rappelle plus!..... Comment qu'faut s'y prendre?...

L'ABBÉ

Au nom du Père...

COUTAUDIER
(*Répétant*).

Au nom...

L'ABBÉ

Du Père...

COUTAUDIER
(*De même*).

Du?... Ah! du meg...

L'ABBÉ

Et du Fils...

COUTAUDIER
(*De même*).

Et du moucheron...

L'ABBÉ

Et du Saint-Esprit...

COUTAUDIER
(*De même*).

Du Saint... (*Impatienté.*) Ah ! hue !...

L'ABBÉ

Oui, mon fils... (*Se reprenant.*) C'est-à-dire... enfin, n'importe, sous quelque forme qu'elle se présente à Dieu, la prière lui est agréable.

(*Un silence*).

COUTAUDIER

Mon père ?...

L'ABBÉ

Mon fils ?...

COUTAUDIER

Je voudrais bien tirer mon cou...

L'ABBÉ
(*Vivement*).

Oh ! mon fils, pouvez-vous, dans un pareil moment, penser à des obscénités !...

COUTAUDIER

Qu'est-ce qui vous prend donc, ô mon père ! Vous êtes donc aussi un vicieux ? J'voudrais tirer mon cou *de la guillotine !*... Allons, bon ! vous m'avez fait penser à Joséphine, et voilà que j'bande... Ah ! n'craignez rien.... J'n'ai jamais eu c'défaut-là !... un Français ne... boit jamais seul... et puis ça cerne les yeux..... *et du Père, et du Fils*... et du... Allons, chaud, ô mon père ! l'absolution !...

ACTE TROISIEME

L'EXÉCUTION

COUTAUDIER, UN AGENT, L'ABBÉ MONTÈS, SANSON.

COUTAUDIER
(A l'abbé).

Est-ce que nous allons monter dans c'te charrette-là, ô mon père?... C'est bon pour vous, vous y êtes habitué ; mais moi, c'est la première fois, et, je le sens, ça me fera mal...

UN AGENT
(Brutalement).

Eh! montez donc! Faudrait-il pas une chaise à porteur à monsieur?...

COUTAUDIER

Montez donc! montez donc!... J'voudrais bien vous y voir, vous!... (*Il monte.*) Cocher, à l'heure, et baissez pas les stores!... (*A l'abbé.*) Est-ce qu'il est en or, vot' crucifix, ô mon père?...

L'ABBÉ

Non, ô mon fils... l'Église est trop pauvre..... c'est de l'argent doré.

COUTAUDIER

Ah! vieux floueur! vous collez ça pour de l'or à vos paroissiens!... Vous faites bien... ces muffles-là...

L'ABBÉ
(*Tout à son rôle de préparation des âmes*).

C'est l'image de Dieu...

COUTAUDIER

C'est-il lourd? Combien qu'ça pèse?

L'ABBÉ
(*Continuant*).

Du Dieu mort pour nous sauver...

COUTAUDIER
(*Qui reluque toujours le crucifix*).

Nous sauver! Ah! si je vous avais connu plus tôt, ô mon père!

L'ABBÉ
(*Heureux de ce qu'il croit être un bon mouvement*).

Vous n'auriez pas commis cette action si désagréable à Dieu?

COUTAUDIER

J'vous l'aurais fait, vot' crucifix... *Au nom du Père*... Y a-t-il un peu d'monde, ô mon père?... C'est que je n'voudrais pas faire four... A c'te rosse de Lacenaire, y en avait-il! et comme nous avons travaillé!... *et du Fils*... Tiens! v'là un enfant que j'ai déshabillé dans une allée... Je m'y fierais pas aujourd'hui!... *et du Saint-Esprit*... Tenez, nous avons entré dans c'te boutique-là, croyant être chez un bijoutier, et c'était un marchand de graine de moutarde blanche..... Ah! nous avons joliment rigolé!... *Ainsi soit-il!* Nous y v'là... C'est la Butte... Comme nous avons été vite!...

Eh! j'monterai bien tout seul!... Savez-vous ce qui m'emmerde, ô mon père?... C'est d'être guillotiné avec mon enrouement. J'pourrai pas harrranguer c'peuple... (*Essayant de parler à la foule.*) Hum! hum!... Peuple français!... peuple de braves!... la liberté... Allons bon!... v'là que j'dégueule *la Parisienne* à présent!... Hum! hum!... Peuple français... peuple... Ah! hue! (*Entrée de Sanson.*) Tiens! vous v'là encore, vieille tapette!... Est-il propre, vot' son?... C'est que j'vas coller ma gueule là d'dans, moi, tout à l'heure, et je n'serais pas charmé d'attraper des boutons!... Ah! j'suis volé!... c'est de la sciure!... Peuple français, voilà comme on te gouverne!... c'est de la sciure!... J'ai droit à du son... j'veux du son!... j'veux pas mourir... Sanson!...

SANSON
(*Qui s'est emparé de lui et qui le pousse doucement vers la lunette*).

Allons, allons, mon bou...

COUTAUDIER

Eh! un moment donc!... si vous êtes si pressé, allez devant!... ça vous changera..... (*A l'abbé.*) O mon père... après avoir réclamé mes dépouilles mortelles pour les rendre au tombeau de mes ancêtres, un dernier service?

L'ABBÉ

Qu'est-ce que c'est, ô mon fils?...

COUTAUDIER

Vous porterez cette mèche de cheveux à Joséphine Heurtebanc... C'est mon épouse devant Dieu... mais pas devant les hommes... rue de la Huchette, 23, au cintième ; y a deux portes, prenez pas celle d'à gauche, c'est les lieux... Si vous avez envie, faites dans l'allée... c'est l'usage de la maison... Elle est belle, ma Joséphine !... elle a un chouette maitre-autel !... un rupe tabernacle !... et elle connait son affaire !... mais pas d'bêtises, ô mon père !... a vous donnerait du mal !...

L'ABBÉ

Bien ! ô mon fils ! Vos dernières volontés seront remplies...

(On place Coutaudier sur la planche, et quand il a le cou dans la lunette) :

COUTAUDIER

Cordon, s'il vous pl...

(Et son âme va rejoindre celle de l'infortuné Louis XVI).

LES JEUX DE L'AMOUR

ET DU BAZAR

COMÉDIE DE MŒURS EN UN ACTE

PAR

LEMERCIER DE NEUVILLE (1)

---

(1) La première édition du *Théâtre érotique* dit par l'auteur de la *Physiologie du Coiffeur*. « La *Physiologie du Coiffeur*, s'il nous en souvient, parut en 1862. Ce petit volume n'est d'ailleurs une date ni dans la vie de son auteur ni dans l'histoire de la librairie.

PERSONNAGES

SYLVIA, maquerelle.
DORANTE, maquereau.

AVERTISSEMENT

Ce marivaudage fut un des grands succès du Théâtre érotique.

En faisant représenter si souvent ses propres ouvrages sur le Théâtre dont le privilége lui avait été accordé, M. Lemercier de Neuville se mettait en contravention directe avec l'association des auteurs dramatiques.

Il fut un instant question de réunir, en une assemblée solennelle, les fournisseurs des différents spectacles de Paris, sous la présidence de M. Léon Laya, pour examiner s'il n'y avait pas lieu de mettre le Théâtre érotique en interdit. Quelques grands personnages s'entremirent, et l'interdit ne fut pas prononcé.

Le chœur des sergents de ville qui termine la pièce fit trouver un nouveau truc qui servit depuis pour toutes les figurations dont on eut besoin. Les marionnettes se tenant au bout des bras, et le cadre du Théâtre ne pouvant permettre à plus de deux personnes de se tenir cachées derrière la devanture, il était de rigueur absolue qu'il n'y eût jamais que quatre acteurs au plus en scène.

M. Lemercier de Neuville imagina de peindre, sur un

morceau de carton découpé, une vingtaine de sergents de ville, que l'on pouvait faire manœuvrer facilement d'une seule main. Chaque sergent de ville était décoré.

La première représentation des *Jeux de l'Amour et du Bazar* fut attristée par la mort de Ratapon, bon vieux chat invalide, mais athée. On l'inhuma le lendemain, dans le jardin, avec le cérémonial usité par la religion de la majorité des Français, afin d'éviter aux voisins le spectacle scandaleux d'un enterrement purement civil.

L'oraison funèbre de Ratapon fut prononcée en ces termes par mademoiselle Tronquette :

— Ah bien ! tant mieux ! il ne viendra plus chier sur mon lit.

LES JEUX DE L'AMOUR

ET DU BAZAR

SCENE PREMIERE

DANS UN PETIT SALON DE BORDEL

SYLVIA

(*Seule. Elle est maquillée et attifée avec ces étoffes voyantes qu'affectionnent les filles pour se faire mieux remarquer des hommes. Elle se regarde avec complaisance dans une psyché*).

Toilette de combat au grand complet!... rien n'y manque de ce qui peut allumer les hommes les plus flanelle... Je vous ai un petit air cochon comme tout... Et cette crinoline! m'avantage-t-elle! mais m'avantage-t-elle! En voilà encore une invention qui nous aide à monter le coup aux hommes... et c'est un homme qui l'a inventée... oh! là là!... (*Elle se promène devant la psyché, en continuant à se regarder du haut en bas.*) Fameuse idée que j'ai eu là, tout de même!... C'est vrai, ça vous embête, à la fin, de tenir boutique d'amour, et de ne pas goûter à sa marchandise; de procurer tous les jours du bonheur aux autres, et de ne pas s'en réserver un petit morceau pour soi ; d'allumer tous les soirs, de sept heures à minuit, la chandelle de l'hyménée, en faveur d'un tas de gonzesses et d'autant de michés, et de ne pas se répandre un peu de son suif sur le torse; de rester ici gravement, seule, oisive, au lieu d'aller au salon avec toutes ces dames à qui on dit et fait des masses de polissonneries ; de toujours descendre, et de ne jamais monter.... Zut! je veux aller au persil pour aller au beurre, moi, na! Je veux, pour une nuit, retrouver les voluptés de ma première jeunesse, tout comme mes pensionnaires!... Je veux qu'on me paie pour me faire godiller, moi!... Je veux qu'on m'arrange, moi! Je veux qu'on me badigeonne, moi!... Je veux qu'on me donne des gants, et de l'agrément par dessus le marché!... (*La voix enrouée de la marcheuse, à travers la porte* : Madame, c'est à vous!) Allons! voilà mon tour de bitume arrivé... Au persil! au persil! Il faut qu'on m'étrenne!...

Air des Bohémiens de Paris.

Fouler le bitume
Du boulevard, charmant séjour ;
Avoir pour coutume
De raccrocher et nuit et jour ;
Quand un miché passe,
On s'approche, et puis, sans façon,
On l'p'lotte, on l'embrasse,
Surtout si c'est un beau garçon !

Quand on est jolie,
On peut se coter un bon prix ;
Et voilà la vie,
Oui, voilà la vie
Des belles putains de Paris !

(Elle sort en chantant).

SCENE DEUXIEME

DANS LA RUE

DORANTE
(Seul. Il se promène de long en large devant une maison à gros numéro).

V'là une maison que je ne connaissais pas... ça m'étonne. Eh bien ! puisque je suis en train de battre ma flème, je vais la connaître et savoir quelle viande il y a à son étal, à cette boucherie-là... Oui, une idée que j'ai comme ça aujourd'hui, quoi ! Ça me f'ra p't'être rigoler un brin, de changer de rôle, et, de mac, devenir miché... Il a son charme, le métier de mac, je ne dis pas, surtout au point d'vue d'la vaisselle de poche... mais il y a des fois où c'est assommant, là, vrai !... En ai-je t'y reçu de l'argent des menesses ! oh ! là là ! C'est rien de l'dire ! Oui, elles ont casqué, et dru !... Malgré ça, j'serais pas fâché d'les payer à mon tour, histoire de rire et d'voir l'effet qu'ça m'produira... Ça me rappellera, à moi vieux roublard, le temps où je l'avais encore, où j'étais si godiche avec le sexe, où les femmes m'allumaient si facilement, que la première guenon venue qui me mettait la main dessus me f'sait faire bâton pendant quinze jours... Y a-t-il longtemps de ça, bon Dieu !

Air de Joseph.

A peine au sortir de l'enfance,
A treize ans, un soir de printemps,
Je suivis avec confiance
Une femme de quarante ans...
Je crus, avec cett' créature,
De Vénus suivre les leçons ;
Je me trompais : ce fut Mercure
Qui m'piqua de ses ardillons.

Un début superbe ! au dire de M. Ricord... Heureusement qu'on n'meurt pas plus d'ça qu'd'amour... J'en ai eu quatorze depuis celle-là, et de toutes les couleurs, car quoi qu'en disent les malins, les aristoffes se suivent et n'se ressemblent pas... Et quand j'dis les véroles, j'pourrais dire aussi les chaudelances... L'ai-je eue assez de fois, la cocotte ! l'ai-je eue !... à ce point qu'on m'appelait le roi des cocotiers !... Eh bien ! c'est pourtant ça qui m'a donné le goût des femmes et qui a donné aux femmes du goût pour moi... Oui ! y a des pignoufs qui disent que c'est l'espérance qui nourrit l'homme... L'espérance ! eh ! non : c'est la femme !...

Air de la Reine Bacchanale.

J'suis le roi des souteneurs !
Je connais la savate !
Au billard, faut m'voir, j'épate
 Les vrais amateurs !
 De Saint-Laz je connais
 Toute la confrérie ;
 Ell' m'fait gagner ma vie
 Sans me mettre en frais.
Oui, c'est un métier commode
 Et qui devient à la mode :
 Mac-macrotin !
 Oui, c'est un état divin,
 Mac-macrotin,
 Vive le macrotin !

Nous allons voir si l'état d'miché vaut l'mien, et si je s'rai assez chançard pour tomber sur un bon morceau... Ça me semble tout drôle d'avoir à abouler d'la braise au lieu d'en recevoir... Bast ! faut tout connaître dans la vie, tout !

SCENE TROISIEME

TOUJOURS DANS LA RUE

DORANTE, SYLVIA

(*Dorante, en se promenant devant la maison au grand numéro, croise Sylvia qui bat son quart*).

SYLVIA
(*S'arrêtant, la bouche en cœur*).

Joli garçon !...

DORANTE
(*Admirant l'ampleur de la crinoline de Sylvia*).

Superbe pot-au-feu !

SYLVIA
(*D'une voix douce comme miel*).

Joli garçon, veux-tu venir chez moi ?...

DORANTE
(*Que la tournure de Sylvia séduit, décidément*).

Eh ! eh ! je n'dis pas non... (*Bas.*) Faut voir ça au déballage... y a p't'être plus d'réjouissance que d'viande là-dessous...

SYLVIA
(*D'une voix de plus en plus insinuante*).

Joli garçon, viens avec moi, tu ne t'en repentiras pas... je serai bien gentille... bien cochonne... Veux-tu?... Viens !

(*Elle lui prend tendrement le bras*).

DORANTE
(*Se laissant entraîner, à part*).

Cette créature porte à la peau... Ça doit être une

bonne largue... Cependant, au déballage... j'ai été si souvent volé !...

SYLVIA
(*L'entraînant dans l'allée du bordel, et profitant de l'obscurité momentanée pour lui mettre la main sur la queue*).

Tu vas avoir de l'agrément, mon chéri, je t'en réponds !...

(*Ils entrent*).

SCENE QUATRIEME

UN PETIT SALON, AU REZ-DE-CHAUSSÉE

DORANTE, SYLVIA.

(*Celle-ci, une fois entrée, relève la mèche de la lampe posée sur la cheminée, mais pas trop cependant, afin de ne pas trahir son maquillage. Ce soin pris, elle se rapproche de Dorante et lui passe à plusieurs reprises la main sous l'entrejambe, pour entretenir le feu qu'elle pense avoir allumé*).

DORANTE
J'prendrais bien quéque chose, moi... Et toi, la belle en cuisses ?...

SYLVIA
On dirait que tu bandes déjà... petit cochon !... Et moi aussi, je licherais bien un verre... Qu'est-ce que tu payes, mon amour ?

DORANTE
C'que tu voudras... Va donc plus doucement, hein ? j'n'en ai pas de r'change... Faut avoir des égards pour des objets aussi fragiles...

SYLVIA

Là... là... ne te fâche pas, mon loulou... Je vas aller plus à ta guise... à peine si tu me sentiras... C'est vrai qu'on n'en a qu'une... et c'est dommage, n'est-ce pas ? Pourquoi, au fait, que vous n'en avez pas deux ?... nous avons bien deux tétons, nous !

DORANTE

C'est pas la même chose, fichue bête !

SYLVIA

Tu crois ?... Après ça, tu as peut-être raison... Je sifflerais bien une absinthe, dis donc, mon chou ?..

DORANTE

Une absinthe ? fichtre ! t'as bon goût ! Ça va : deux absinthes !

SYLVIA
(*Tout en préparant les deux verres*).

Tu as donc envie d'aller au bonheur, mon petit homme ?...

DORANTE

Oui, ça m'démange dans ma culotte depuis midi... Il est dix heures... juge si j'dois souffrir !

SYLVIA

Pauvre chat !... Eh bien ! tu vas te soulager, mon chéri, je te le promets. Le roi Louis-Philippe n'aura jamais été aussi heureux que tu vas l'être... (*Elle trinque avec lui, tout en l'astiquant.*) A ta santé !

DORANTE

A la tienne, ma fille !

(*Ils boivent*).

SYLVIA

Dis donc, joli garçon, si tu veux que je sois bien gentille, il faut me faire ton petit cadeau... tu sais, le cadeau qu'on fait toujours aux petites dames...

DORANTE

Des gants ? quand on a d'si jolies menottes que ça ? Allons donc ! ça les gâterait.

SYLVIA

Tu sais bien, mon chat, que c'est l'habitude... Ce sont nos petits bénéfices, à nous autres pauvres filles... Madame nous prend tout et ne nous donne rien... Allons, sois généreux !

DORANTE

J'te collerai cent sous... mais tu m'f'ras tout ?...

SYLVIA

(*La main droite étendue pour recevoir, la main gauche occupée à peloter Dorante qui se laisse faire*).

Oui, tout ce que tu voudras, tout... Je serai bien cochonne, tu verras... Tu pourras me baiser autant que tu voudras... Je te branlerai, je te sucerai, je te ferai postillon... tu jouiras !... Mais fais-moi ton petit cadeau.

DORANTE

Oui... quand j'aurai joui... si tu as été bien gentille... Vous promettez comme ça, vous autres, un tas de choses que vous ne tenez pas... C'est comme vos tétons : ils promettent et ne tiennent pas du tout...

SYLVIA

Veux-tu que je les sorte !... Je vais les sortir... mais fais-moi ton petit cadeau...

DORANTE

Non... après !

SYLVIA
Non... avant!... T'as un beau paquet, mon chéri!
DORANTE
Pas du tout... après!... C'est vrai, on me l'a toujours dit.
SYLVIA
La femme que tu baises doit être bien heureuse!... Voyons, donne-m'en la moitié?... T'as donc pas confiance?...
DORANTE
J'ai confiance, sans l'être... Les femmes, c'est si trompeur! Quand tu auras ma roue de derrière, tu te croiras quitte en te mettant sur le tien et en remuant les fesses pendant trois minutes... J'connais ça, ma p'tite mère!

Air de la chanson de Fortunio.

Si tu crois que je suis novice,
    Tu t'mont's le coup!
Quand t'auras fini ton service,
    T'auras cent sous...

SYLVIA
(Même air).

Voyons, donne les moi d'avance,
    Et tu verras!...

DORANTE
(Même air).

Non... non... je n'ai pas confiance...
    Tu tricheras!
Car je connais ces balançoires,
    Je suis roublard,

Et j'pourrais écrir' les Mémoires
Du lupanar !...

SYLVIA
(Qui lui a sorti la queue du pantalon, et qui la branlotte).

Toi ?... Tu es trop comme il faut pour cela...

DORANTE
(Lui passant une langue).

Tu trouves !...

SYLVIA
(S'essuyant la bouche, sans quitter la queue).

Cochon !... Tu dois être au moins agent de change...

DORANTE

A peu près... Tu me f'ras l'chapeau-du-commissaire ?

SYLVIA

Puisque je t'ai dit que je te ferais tout !... Dieu le beau membre ! C'est à toi tout ça, mon chéri ?...

DORANTE

A qui veux-tu qu'ça soit ? au Grand Turc ?

SYLVIA

C'est que t'as l'air d'en avoir pour deux... T'es bien monté... mâtin ! Ça vous fait venir le foutre à la bouche... Tu dois bien arranger une femme, hein ?...

DORANTE

Tu vas voir ça. Montons !

SYLVIA
(Quittant la queue de Dorante pour aller pousser le verrou de la porte).

Non, restons ici... personne ne nous dérangera... Dieu ! mon chéri, que tu es bien monté ! T'es pas un homme ordinaire !

DORANTE
(Qui songe à tout, tout en songeant à tirer son coup).
Et l'eau ?...

SYLVIA
(Qui a repris possession de sa pine et qui la travaille doucement).
L'eau quoi ?... *(Elle lui passe une langue sur le gland.)* C'est une vraie pine, au moins !

DORANTE
Pour se laver, donc ? Est-ce qu'on ne connait pas l'usage de la cuvette dans ce bahut ?...

SYLVIA
Si, mon chéri. Tiens, dans ce cabinet... Oh ! rien ne manque ici... c'est une bonne maison... *(A part.)* Fichtre ! c'est un miché sérieux !...

DORANTE
Je te permets de commencer le chapeau-du-commissaire... A propos, comment t'appelles-tu ?...

SYLVIA
(La bouche pleine).
Sylvia, mon chéri.

DORANTE
C'est gentil, ce nom-là... Sylvia ! N'va pas trop vite, garce ! j'veux pas jouir trop vite, moi !... j'aime que ça dure longtemps...

SYLVIA
Nous recommencerons, joli garçon, n'aie pas peur !... Et toi, quel est ton petit nom ? ton nom d'oiseau ?...

DORANTE
(A part).
Taisons-lui notre vrai ; il est trop connu... *(Haut.)* J'm'appelle Thyiodore... Ça t'va-t-il ?...

SYLVIA
(Toujours la bouche pleine).

C'est un nom bourgeois... j'aime ça. Sens-tu que ça vient, mon ange?...

DORANTE

Je péterai pour t'avertir : c'est mon habitude.

SYLVIA
(Cessant de sucer, pour souffler un peu).

Tiens, t'es rigolo-pain-de-seigle, tout de même!

DORANTE

N'est-ce pas?... Mais pourquoi cesses-tu de m'souffler dans l'poireau?... ça allait bien...

SYLVIA

C'est pour respirer un peu, mon chéri... Si tu veux, nous allons faire l'amour... c'est meilleur... Ote ton pantalon...

DORANTE

Pourquoi ça?...

SYLVIA

Nous avons des personnes qui aiment ça... on est plus à l'aise...

DORANTE

Des daims! J'ôte jamais mes frusques, moi : on n'sait pas c'qui peut arriver.

SYLVIA

Oh! la maison est sûre!... Enfin les opinions sont libres : garde ton pantalon... Ça n't'empêchera pas de me faire ça, n'est-ce pas?...

DORANTE

Aux p'tits oignes, mon infante!... Mais si j'n'ôte pas

ma culotte, j'suis pas fâché qu'on ôte sa robe quand on veut m'plaire...

SYLVIA
(Se déshabillant avec empressement).

Oh ! ma chemise, si tu veux !

DORANTE

Non, ta robe seulement. La limace, c'est plus cochon... Je n'bande jamais bien d'vant une gonzesse qu'est tout à poil... tandis que quand la limace est là, bien blanche, avec ses creux et ses montagnes, ça m'met sens sus d'sous... Allons-y d'attaque !

SYLVIA

Assieds-toi là, mon chat... J'vais continuer le grand jeu... après le chapeau-du-commissaire, postillon. (*Elle le déboutonne tout à fait, lui relève la chemise et lui fourre le doigt dans le cul.*) N'as pas peur : mes ongles sont coupés... Qu'est-ce que tu ressens, mon ange ?

DORANTE
(Impassible).

Rien.

SYLVIA

Ça m'étonne.

Air : J'ai un pied qui r'mue.

J'ai un doigt qui r'mue
Dans le fond de ton derrière ;
J'ai un doigt qui r'mue
Au fond de ton trou du cul.

DORANTE
(Même air).

Ma toute belle, } bis
Qui vous a donné

Cette habitude
    Que vous avez ? } bis

SYLVIA
(*Même air*).

Monsieur, c'est m'namant...
Quand je l'vois, j'ai l'cul bien aise !
Monsieur, c'est m'namant...
Quand je l'vois, j'ai l'cul content.

DORANTE
(*Qui, tout en bandant, ne se sent pas encore en état de baiser*).

Assez ! assez ! j'en ai plein l'cul de c't'air-là et de ton doigt !... Autre chose, si tu veux me faire godiller pour de bon ; autre chose !

SYLVIA
(*A part, avec étonnement*).

Il ne s'allume pas !... Je n's'rais pourtant pas fâchée qu'i m'baise, car il a un rude membre !... (*Haut.*) Tu ne te montes pas facilement le bourrichon, mon chéri !

DORANTE

Pas si pante ! Y a des gens qui viennent au bordel pour y pisser, et qui s'en retournent avec la vérole... moi, j'y veux pisser et chier, et si j'attrape quéque chose, au moins, j'l'aurai pas volé... Montre-moi des tableaux d'sainteté !...

SYLVIA

Oui, mon chéri... notre maison ne manque de rien, je te l'ai dit. (*Elle fait défiler devant ses yeux une foule de cartes transparentes, qui sont autant des outrages au bon goût qu'aux bonnes mœurs, et tout en les lui montrant, elle l'entretient de la main qui lui reste.*) Es-tu content ?...

DORANTE
(*Toujours impassible*).

Non; j'veux que mes cinq sens soient satisfaits : c'est c'que j'appelle le grand jeu, moi!... Le toucher? tu m'as branlé; l'odorat! tu m'as fait une langue à l'absinthe; la vue? j'ai contemplé ces ordures, et toi : il ne me manque que les satisfactions de l'ouïe et du goût. (*Montrant le piano qui orne le salon.*) Voilà un chaudron : tape-moi quéque chose dessus. Après, nous verrons...

SYLVIA
(*Se mettant au piano*).

Je ferais tout pour te plaire, mon ange... (*A part, après avoir jeté un dernier coup d'œil sur le pantalon de Dorante.*) Quelle belle pine! je ne peux en détacher les yeux!... Depuis celle d'Auguste, mon carabinier, je n'en ai jamais retrouvé une pareille!... Quelle pine!...

(*Elle chante*).

Air (à faire).

Dans cette lutte badine
 Qui produit la volupté,
Le bouton qu'un doigt lutine
 Est heureux en vérité;
Mais rien ne monte la tête,
 Non, rien n'est plus polisson
Qu'une langue toujours prête
 A vous lécher le bouton!
  Minette!
  Minette!
O mon Dieu! que c'est bon!

(*Parlé.*) Et maintenant, mon agneau, à toi de t'exécuter ! Fais-moi une minette distinguée, digne du coup que nous allons tirer ensemble...

DORANTE

Allons-y !

(Il se précipite sur Sylvia, la renverse sur le divan, lui retrousse la chemise, et travaille habilement de la langue ; puis, quand il l'a bien fait remuer des fesses et jouir pour son compte à elle, il substitue son braquemard à sa langue, remue des fesses et jouit pour son propre compte. Tableau).

SYLVIA

(Tout en lui versant de l'eau sur la queue et en lui présentant une serviette blanche pour s'essuyer).

Tu m'as fait crânement jouir, cochon ! voilà la première fois que j'y vais de mon beurre aussi franchement !... Et toi, mon ange, as-tu joui ?

DORANTE

(Après s'être essuyé la queue, et se reboutonnant).

Tu ne m'as donc pas entendu péter ?...

SYLVIA

C'est donc ta manière d'annoncer ta joie aux femmes?

DORANTE

Oui, c'est ainsi toutes les fois que j'arrache mon pavé avec une demoiselle... Et maintenant, gonzesse, que je t'ai foutue à couillons rabattus, comme tu n'es pas foutue d'être foutue jamais de ta garce de vie, j'ai l'honneur de te faire remarquer que tu t'es fourré le doigt dans l'œil jusqu'au coude !...

SYLVIA

(Qui croit qu'il fait allusion au postillon).

Oh ! dans l'œil !...

DORANTE

C'est juste : j'oubliais! Dans l'œil — et dans l'autre. Je ne suis pas un miché, ma chère.

SYLVIA

Tu n'es pas un miché?

DORANTE

Au contraire, puisque je suis un mac.

SYLVIA

Un mac!... J'aurais dû m'en douter.

DORANTE

A quoi?...

SYLVIA

Tu n'as pas encore casqué!

DORANTE

Bien trouvé, mais trop tard. Eh bien! veux-tu que je te le dise? Toi non plus, tu ne m'as pas l'air d'une largue ordinaire... ou alors tu n'es pas vieille dans le métier.

SYLVIA

Pourquoi ça?

DORANTE

Tu m'as branlé, sucé, postillonné, et tu t'es laissée grimper avant que, non-seulement j'l'aie donné tes gants, mais avant même que je n'aie aboulé le prix de ma passade. Si j't'avais dans mon bordel, j'te foutrais à la porte, pour que tu n'donnes pas ces fichues habitudes-là à mes menesses.

SYLVIA

C'est vrai!... Je suis pincée!

DORANTE

Pincée ? Que veux-tu dire ?

SYLVIA

(*Avec explosion*).

Je veux dire que tu es un crâne foutteur, que tu me chausses comme jamais, en effet, je n'ai été chaussée, et que, si tu y consens, ce n'est pas toi qui me donneras de la braise, c'est moi qui serai ta marmite...

DORANTE

Est-ce que tu serais ?...

SYLVIA

Je suis la patronne de ce bazar, la mère de dix-huit petites dames, auxquelles il te sera défendu de toucher, par exemple... Ça te va-t-il ?

DORANTE

Ça me va comme un gant. Je suis entré en fonctions dès aujourd'hui, puisque je t'ai baisée à l'œil et que tu m'as rincé le bec d'un verre d'absinthe assez suisse... Je voulais tâter du métier de miché, mais je vois que celui de mangeur de blanc est encore le meilleur.

Mangeons du blanc ! mangeons du blanc !
Ça vaut mieux que d'manger du flan !
Mangeons du blanc jusqu'à l'aurore,
Et que Phœbus nous trouve encore
Mangeant du blanc !

SYLVIA

Toujours rigolo ! Ah ! je ne sais pas quand il se passera, mais j'ai un fier béguin pour toi, va ! Tu la couleras douce avec moi, je t'en réponds !... (*Elle lui prend la queue avec emportement, comme une femme qui a encore faim.*) Si nous arrosions notre contrat, hein ?

DORANTE
(*Jouant l'empressement, quoiqu'au fond il en ait assez pour l'instant*).

Arrosons !

(*Elle s'étend de nouveau sur le dos, et il se met en devoir de la baiser. Pendant qu'ils sont occupés tous les deux à jouer des reins et à faire crier sous leurs efforts les ressorts du divan, on entend des voix d'agents qui, de la rue, chantent sur l'air de la retraite de Bourbaki*) :

Agents zélés, faisons bien notre ronde,
  Et ramassons
 Le plus de monde
  Que nous pourrons.
 De cette façon,
Par les contraventions,
 Dans notre position
  Nous avanc'rons,
Et aurons des pensions !

SYLVIA
(*Qui est en train de jouir, et qui, malgré cela, ne perd pas de vue les intérêts de son bordel*).

Même air.

Mes... sieurs l'zagents, nous sommes... bien tranquilles;
  Nous... somm'... cou... chés,
  Et... tout'... nos... fil... les
  Sont... avec... des... michés...
   Si vous voulez,
  J'vous... ouvre... les volets ;
  Alors... vous... en... tre... rez,
   Et... vous bais'rez
Tout's... cell's... que vous voudrez !...

(*Parlé.*) Ah! cochon! comme tu fais bien ça!...
DORANTE
(*Retirant queue et billes de la blouse et cessant de jouer*).
Même air.

Bien répondu! tu connais bien la rousse!
On n'la laiss' pas
S'coller un' douce
Qui leur fatigue l'bras...
(*Au public*).
Public charmant,
Comm' messieurs les agents,
Dans notre établiss'ment
Bien r'çus vous s'rez,
Si vous applaudiss'rez!

FIN.

UN CAPRICE

PAR

LEMERCIER DE NEUVILLE (1)

___

1. La première édition du *Théâtre érotique* dit : « par l'auteur des *Tourniquets*. » *Les Tourniquets* étaient une revue de fin d'année, publiée par M. Lemercier de Neuville dans le *Figaro*, et ensuite imprimée à part.

PERSONNAGES

FLORESTAN, gandin marié.
URINETTE, drôlesse.

La scène, à Paris, rue des Martyrs, dans le boudoir
d'Urinette.

AVERTISSEMENT

La réception de ce vaudeville fut signalée par la chute, dans le verre de M. Lemercier de Neuville, d'une chenille qui faillit l'étrangler, pendant qu'il lisait son œuvre au comité, assemblé sous la tonnelle du jardin, et composé, ce jour-là, de MM. Amédée Rolland, Jean Duboys, Vieillot et Albert Glatigny.

Joué au commencement d'octobre 1863, *Un Caprice* réussit. Cependant le succès ne fut pas aussi éclatant qu'on l'eût pu croire aux répétitions.

Un spectateur se retira avant la chute du rideau, violemment indigné. Ce spectateur était M. Louis Wihl, poëte allemand, aujourd'hui professeur au lycée de Grenoble. M. Glatigny avait fallacieusement persuadé au bon allemand, que les marionnettes de la rue de la Santé ne jouaient que des pièces d'un haut goût littéraire, et que la libre pensée, expulsée du Collége de France et des cours publics, s'était réfugiée au théâtre des Batignolles. M. Louis Wihl en fut ému, et sollicita une invitation.

Le soir de la première représentation du *Caprice*, il

arriva donc, flanqué de deux volumes de Hegel et d'un exemplaire de ses poésies allemandes, bénissant les dieux qui l'avaient conduit dans un cénacle de jeunes gens sérieux et réfléchis! La première scène l'étonna d'abord, et plusieurs expressions, peut-être libres, l'effarouchèrent. On l'apaisa en lui faisant observer qu'elles étaient de la langue de Rabelais. Mais à la scène capitale du vaudeville, quand Urinette se lave le cul, le vertueux philosophe n'y put tenir, et sortit en bousculant les chaises...

— « M. Rolland est un *picnouf!* » s'écria-t-il.

Le mot *picnouf*, employé pour *pignouf*, était le seul terme d'argot parisien qui eût pu se loger dans cette tête carrée.

On applaudit beaucoup le truc de la cascade d'eau naturelle tombant dans la cuvette d'Urinette, et rappelant vaguement l'effet produit par le torrent dans le *Pardon de Ploërmel*.

Un Caprice fut repris, à quelque temps de là, sur le théâtre de marionnettes de M. Émile Renié, rue des Martyrs. Ce théâtre réussit peu, et ferma avant d'avoir ouvert (1).

(1) « Nous n'étions pas partis que nous étions arrivés. » J. Janin.
Si tu ne comprends pas, lecteur, il est inutile que je m'explique.

UN CAPRICE

SCENE PREMIERE.

FLORESTAN

(*Seul. Il entre à reculons, en s'adressant à une personne qu'on ne voit pas*).

Laissez, laissez, je m'annoncerai tout seul. (*Se retournant et croyant se trouver en face d'Urinette.*) Chère belle... Tiens! elle n'est pas là! Ah! sans doute elle est dans son cabinet de toilette... elle sait que je dois venir. Ah! Urinette! vous me faites faire des folies!... En vérité, depuis que je connais cette biche, je suis d'un gaillard... mais d'un gaillard... mais d'un gaillard... que je ne me reconnais plus... Tenez: ma femme, la vraie... je l'ai quittée il y a une heure... eh bien!... je ne sais si je dois vous dire... bast! entre hommes!... Elle était sur son divan, mollement étendue... je m'approche pour la baiser sur le front... crac!... est-ce la douceur de sa peau ou celle de la température? Je l'ignore... mais, crac!... j'étais prêt... je... enfin vous m'entendez bien...

Air : *Je vais lui percer le flanc.*

J'allais lui percer le flanc,
Vli, vlan,
Rantanplan
Tire lire ramplan,
J'allais lui percer le flanc,
De la bonne manière.
Elle se laissait faire
Sans se mettre en colère;
Mais, soudain, réfléchissant,
Vli, vlan,
Rantanplan
Tire lire ramplan,
Je décampai lestement,
Ayant ailleurs affaire.

Oui... pourquoi commettre cette imprudence de contenter ma femme, quand Urinette m'attendait?... En style de guerre, cela s'appelle épuiser ses munitions!... Urinette! chère Urinette! ô femme que j'ai rêvée! me voilà fier et droit... je suis prêt... où donc es-tu?...

SCENE DEUXIEME.

FLORESTAN, URINETTE
(*Derrière un paravant et mettant son corset*).

URINETTE

Je suis là, Florestan ; je viens tout de suite... je mets mon corset...

FLORESTAN
(*Que cela enflamme davantage*).

Ne le mets pas !... oh ! ne le mets pas !... Je ne te le mettrai que mieux !

URINETTE

Si, si... c'est plus décent... Et puis, j'ai un principe en stratégie amoureuse...

FLORESTAN

Lequel, ô mon almée ?...

URINETTE
Air de Jenny l'ouvrière.

Voyez, là-bas, ces gandins magnifiques,
Peignés, rasés, lavés, et cœtera,
Ils sont toujours avec des femm's très-chiqu's,
Aux Délass-Com... comme au Grand-Opéra...
Or, savez-vous ce qui dans ma toilette
Leur va le plus pour attiser leur feu ?
C'est le corset de la belle Urinette,
Au corps content, mais pas de peu,
Car il lui faut sept pouces, moins la tête,
  Pour qu'elle ait un beau jeu (*bis*).

FLORESTAN

Ah! ma chère belle, ne craignez rien, je les aurai, vos sept pouces... Je les ai!... Mettez donc votre corset, puisque vous y tenez tant... Ah! si vous saviez ce que je vous sacrifie!...

URINETTE

Quoi donc, mon ami?

FLORESTAN

Quelque chose qui ne se remplace pas...

URINETTE

Mais quoi encore?

FLORESTAN

Vous le voulez?...

Air de l'Ecu de France.

Moi, je vous sacrifie un coup,
 Un coup rempli de charmes!
Ce coup aurait monté le coup
 A Vénus en alarmes.
  Ce coup ravageur
  Eût mis du bonheur
 Dans le fond de mon âme!...

URINETTE

Quel est donc ce coup
 Qui vous rend si fou?

FLORESTAN

C'est le coup de ma femme!

URINETTE
(Riant).

Ah! ah! ah! Eh bien! vous le retrouverez avec moi, cher, ne vous désolez pas... (*Apercevant Florestan qui est monté sur une chaise et qui la regarde par-dessus le paravant.*) Qu'est-ce que vous faites : vous montez sur une chaise pour me voir ?...

FLORESTAN
(*Tirant la langue, de concupiscence*).

Oui ! ça me monte !...

URINETTE
Je le vois bien... ça vous monte... sur une chaise.

FLORESTAN
C'est un mot !... Sévigné, va !...

URINETTE
Voyons, descendez, Florestan, descendez : vous n'avez pas encore vos entrées dans les coulisses.

FLORESTAN
(*Avec fatuité*).

J'ai pourtant présenté des pièces...

URINETTE
Mauvaises, mon cher.

FLORESTAN
(*De même*).

Mauvaises... mais reçues...

URINETTE
Reçues à correction, oui...

FLORESTAN
Eh bien ! je viens aujourd'hui réclamer une nouvelle lecture.

URINETTE
(*Sortant de derrière le paravent*).

Petit polisson ! Allons, ma toilette est faite... je suis à vous.

FLORESTAN
(Enivré).

O ange !... comme vous portez à la peau !...

URINETTE

C'est ce qu'on a eu la bonté de me dire souvent... (*Repoussant doucement Florestan.*) Attendez... une dernière précaution... (*Elle prend son vase de nuit et se met dessus.*)

Air Cascade.

Urine,
Urine,
Dans mon pot coule prestement,
Liqueur alcaline,
Doux soulagement !

FLORESTAN

J'entends sa voix mélodieuse,
Laquelle en cascade amoureuse
Sort de cet écrin velouté
Où se cache de la beauté
La douce volupté !...

URINETTE, FLORESTAN

Reprise.

Urine,
Urine, etc.

URINETTE

Et maintenant je suis tout à vous, mon prince !

FLORESTAN
(A part).

Il n'y a pas à dire, il n'y a que ces filles-là d'enchanteresses !

URINETTE

(S'asseyant).

Asseyons-nous sur ce canapé, mon ami, et.. causons.

FLORESTAN

(S'asseyant aussi).

M'y voici... O Urinette! qu'on est bien près de vous!...

URINETTE

Jugez donc, quand on est... Oh! j'allais dire une énormité...

FLORESTAN

Bah! qu'est-ce que ça fait? dites toujours...

URINETTE

Non... A propos, qu'est-ce que vous faites, vous?... Vous n'avez pas l'air trop gandin... vous devez être dans le commerce?...

FLORESTAN

(Souriant).

Oui... je suis dans le commerce...

URINETTE

Et quelle est la marchandise que vous vendez?...

FLORESTAN

Je vends... de la marchandise.

URINETTE

Vous lavez-vous au moins?

FLORESTAN

Parbleu!... Laisse-moi t'embrasser!...

URINETTE

(Qui a interrogé son pantalon).

A quoi bon, puisque tu n'es pas prêt!...

FLORESTAN
Oh ! tes caresses vont me ranimer !

Air de la Sérénade de Gil Blas.

Fais-moi beaucoup de caresses !
Donne-moi des bécos
Doux et chauds...
Tra, la, la...
Puis je ferai des prouesses...
Tu t'en étonneras,
Tu verras,
Tra, la, la...
Que ta main si parfumée
Aux doigts longs, fluets et badins,
Imitent la douce araignée...
Araignée du matin... bons vins...
Pour me changer en Alcide,
Il faut qu'encor ces doigts mignons
Imitent le galop rapide
Adopté par les postillons.

URINETTE
(*Qui l'a déboutonné et lui fait postillon*).

Tiens ! tiens ! tiens ! es-tu heureux ?...

FLORESTAN
(*Qui a débandé, et ne peut parvenir à rebander*).

Oui, ça commence...

URINETTE
(*Le branlant*).

Ce n'est pas le tout de commencer.

FLORESTAN
(*Faisant des efforts d'imagination pour arriver à faire biton*).

Ce n'est pas tout... mais c'est déjà quelque chose...

URINETTE
(*Précipitant le mouvement*).

A coup sûr, ce n'est pas assez...

FLORESTAN
(*Qui commence à godiller*).

Ne vas pas si vite!... Là... bien... très-bien!... Bon... je suis prêt...

Air : *Garde à vous*.

Je suis prêt,
Je suis prêt,
Et toi, l'es-tu, ma chère !
Mets-toi bien, je vais faire
Mon office au complet...
Je suis prêt !
Je suis prêt !
Allons, sois plus active...
Ma force est fugitive,
Un rien l'enlèverait...
Je suis prêt (*ter*)!

URINETTE
(*Se couchant sur le canapé, jupe retroussée, cuisses écartées*).

Me voilà! me voilà!... Il n'y a pas le feu à la maison... nous avons le temps... le canapé n'est pas loué, que diable!...

FLORESTAN
(*Qui s'était précipité, le membre en arrêt, se relevant humilié*).

Oh! que c'est bête!... Voilà que vous venez de parler... tout est parti!...

URINETTE
(*Lui refaisant patte d'araignée et postillon*).

Ça reviendra!...

Air : *Le premier pas.*

Ça reviendra,
Tout revient comme une ombre ;
Ça reviendra
Si tôt que ça pourra.
De mêm' que des créanciers l'nombre,
Que les radis, le melon, le concombre,
Ça reviendra (*bis*).

FLORESTAN
(*Piteusement*).

Dieu le veuille !... En attendant, rien ne vient...

URINETTE

Laissez-moi essayer d'une autre façon... les sens se complètent l'un par l'autre... le toucher est impuissant... la vue réussira peut-être... Mettez-vous à trois pas... Bien... (*Elle montre sa jambe.*) Regardez... mon mollet... hein !...

Air : *Combien je regrette.*

Montez-vous la tête,
Soyez enivré ;
Ma jambe est bien faite,
Et mon bas tiré !

FLORESTAN

Quel mollet, quelle jambe fine !
Sapristi ! le joli jarret !
Le haut par le bas se devine...
Et pourtant je ne suis pas prêt !

URINETTE
(*Ennuyée*).

Ah ! c'est impatientant !... J'en ai assez .. Voyons, dépêchez-vous, ou j'y renonce...

FLORESTAN
(Suppliant).

Non, non, n'y renoncez pas... Sapristi ! Qu'est-ce que j'ai donc ? c'est inconcevable !...

URINETTE
(Après avoir de nouveau essayé, mais en vain, de lui raidir le membre).

Ah ! vous n'êtes pas un homme, vous êtes une chiffe !...

FLORESTAN
(Offensé).

Madame !...

URINETTE

Eh oui ! une chiffe ! une loque ! une lavette !...

FLORESTAN
(Indigné).

Oh ! une lavette !...

URINETTE
(Avec mépris).

Je vous abandonne... Quand on n'a pas plus de tempérament que ça, mon cher, on se fait eunuque...

Air : *A table, à table, à table.*

Ensemble.

URINETTE	FLORESTAN
J'étouffe de colère,	J'étouffe de colère,
J'enrage, sur ma foi !	J'enrage, sur ma foi !
Il ne peut rien me faire ;	Je ne peux rien lui faire ;
C'est bien triste pour moi !	C'est bien triste pour moi !

(Urinette sort furieuse).

SCENE TROISIEME.

FLORESTAN
(Seul).

Elle est partie furieuse... Ah! je suis honteux! c'est la première fois que ça m'arrive... Qu'est-ce que j'ai donc mangé?... une salade de nénuphar?... Et moi qui étais si bien disposé chez ma femme... C'est une fatalité... Allons!... Je ne puis pas rester ici... partons!... Tiens... bah! c'est revenu! (*Appelant avec joie.*) Urinette! Urinette! bichette!... mignon petit chien vert!... petite dinde chérie!... Viens! ça y est! c'est sûr! viens!...

URINETTE
(Dans la coulisse).

Zut!

FLORESTAN

Zut! Ah!... Ma foi tant pis pour elle : c'est ma femme qui en profitera! (*Du ton de Félix dans le rôle de Desgenais.*) Ah! filles de joie, je vous reconnais bien là!... fières et dédaigneuses!... Mais l'heure de la vengeance a sonné... Voyez où vous en êtes arrivées! L'honnête homme n'éprouve plus rien près de vous! Ça fait l'affaire des honnêtes femmes! Allons! rentre chez toi, père de famille, et fais ton devoir près de ta moitié, cela dût-il te valoir un enfant!..

Air du docteur Isambard.

Messieurs, ce proverbe est fini,
    Ni ni ni!...

Puisse-t'il vous avoir réjoui,
   Joui, joui, joui !...
Cela vous prouve qu'un coup plaît,
   Tchin na na poum !...
Plus aux femm's mariées qu'à tout's autres,
   Ah ! ah ! ah ! ah !

FIN

SCAPIN MAQUEREAU

DRAME EN DEUX ACTES

PAR

M. ALBERT GLATIGNY (1)

---

(1) La première édition dit « par l'auteur des *Antres malsains*. » Les *Antres malsains* sont la maîtresse-pièce des *Vignes folles*, premier volume de vers publié par M. Albert Glatigny (1860).

PERSONNAGES

SCAPIN.
CORBIN.
PIGNOUFLARD.
LUCINDE.
ESTELLE.
DES PUTAINS.

AVERTISSEMENT

L'auteur de ce drame vint, à pied, de Versailles à Batignolles, pour en remettre le manuscrit au secrétaire du Théâtre. — Lorsque M. Albert Glatigny déboucha dans le jardin, un héron qui depuis deux jours faisait l'ornement de la Ménagerie, saisi d'un sentiment exaspéré de jalousie, à l'aspect des jambes du poëte des *Antres malsains*, s'envola pour ne plus revenir...

Scapin maquereau, annoncé sous le titre de *Scapin ruffian*, fut représenté au mois de janvier 1863. Les costumes des putains avaient été scrupuleusement copiés sur ceux des filles de la *Patte de Chat* (1). Le décor du premier acte fut vivement applaudi. M. Monselet feignit d'y reconnaître le petit temple grec qui sert de loge au portier du parc Monceaux; mais personne ne fut dupe de sa méprise hypocrite.

Entre le premier et le second acte de *Scapin maquereau*,

1) Débit de chair humaine au plus juste prix, sur le boulevard Monceaux.

M. Lemercier de Neuville introduisit *Crockett et ses lions*, intermède qui eut le plus grand succès.

Le décor, peint par l'auteur, représentait le Cirque et ses trois mille spectateurs : — « Ça ressemble au tableau de Gérôme! » s'écria M. de Serre, quand le murmure d'approbation générale se fut apaisé. — Oui, mais il y a plus d'air, » reprit le sévère Pelloquet (des Espagnes) (1).

M. Armand Gouzien, auteur de la *Légende de Saint-Nicolas*, composa pour *Scapin maquereau* une ouverture à grand orchestre. L'ouvrage fut repris sur le théâtre de M. Émile Renié, avec le concours des marionnettes de M. Bénédict Révoil. Il a été représenté, en dernier lieu, sur un théâtre particulier, à Nancy, rue du *Maure qui trompe*.

(1) On sait que M. Théodore Pelloquet est le sujet de la romance *Le beau Pelloquet des Espagnes*, qui se chante sur l'air : *Je suis muletier de Castille*.

PROLOGUE

—

Le besoin se faisait sentir d'un nouvel art
Que nul encor n'avait prévu, même Ballard,
Régisseur dans les temps anciens du Vaudeville.
On affiche parfois, sur les murs de la ville,
Que l'on vient de jouer un ouvrage important
Qui doit émerveiller jusqu'au moindre portant
De coulisse; mais bah! quand la toile se lève,
Tout prestige fout le — camp ainsi qu'en un rêve,
Et le truc que Thierry pour nous plaire employa,
Aboutit, à la fin, aux œuvres de Laya...
Cet ordre nous emmerde, et moi, Polichinelle,
Je déclare, de ma — voix la plus solennelle,
Que je veux mettre fin à tout cela. — Seigneurs,
Nous sommes gens de goût, et non pas des saigneurs
De bœufs, comme on en voit aux portes de Montmartre :
Nous nous habillons tous de velours et de martre,
Et le soir, entre deux londrès bien allumés,
Nous récitons les vers des maîtres renommés.

Donc, vous ne verrez pas ici de tragédie.
La rime à tous nos vers mettra son incendie,
Les dames lèveront leurs jupes jusqu'au ciel,
Car nous devons, et c'est un point essentiel,
Être, avant tout, moraux et plaire aux jeunes filles
Que le couvent enferme encore sous ses grilles,
Et qui, vouant déjà leurs âmes à Cypris,
Par le calme des nuits touchent leur clitoris !
Nous vous ferions bien voir nos acteurs, mais pour l'heure,
Ils sont tous retenus *au sein* de leur demeure.
Notre jeune premier est à Fontainebleau ;
La cour l'a demandé pour le second tableau
Du *Bossu*. L'ingénue, — ô caprice bizarre
Du sort ! — notre ingénue accouche à Saint-Lazare.
Nous avons convoqué la critique. Sarcey
Ne vient pas ; c'est déjà quelque chose. L'essai
Vous plaira-t-il, seigneurs, et vos clefs criminelles
Feront-elles mourir tous ces polichinelles
Qui chantent, font l'amour, et grimpent aux balcons !
Non ! vous applaudirez.
     Au revoir, tas de cons !

SCAPIN MAQUEREAU

ACTE PREMIER

LE BOULEVARD MONCEAUX, A PARIS. AU FOND, UNE MAISON D'HONNÊTE APPARENCE

SCENE PREMIERE

CORBIN
(*Seul, se promenant rêveur*).

Ma fille ne sait pas se laver, et je dois
L'unir à Pignouflard, un être dont les doigts
N'aiment pas à rester inactifs. Le derrière
De Lucinde est rugueux ; tel, dans une clairière.
Un chêne dont l'écorce est âgée et s'en va.
Ce derrière n'est point l'idéal que rêva
Mon gendre, lequel est porté sur la minette.
Si je pouvais trouver un moyen déshonnête,
Quoique prompt, pour forcer mon enfant à savoir
Dans quel but nous avons inventé le lavoir…

SCENE DEUXIEME

CORBIN, SCAPIN

SCAPIN
(*Sans saluer*).
C'est le digne seigneur Corbin, je crois?...

CORBIN
(*Sortant de sa rêverie*).
Lui-même ;
Comment vas-tu, Scapin ?

SCAPIN
Très-bien. Le destin m'aime ;
Je suis heureux.

CORBIN
(*Avec un soupir*).
Heureux !...

SCAPIN
Et vous, seigneur Corbin ?

CORBIN
Je voudrais décider ma fille à prendre un bain...

SCAPIN
Un bain ! est-il possible ?

CORBIN
(*Secouant la tête avec mélancolie*).
Hélas !

SCAPIN
C'est d'un bon père.
Votre fille est charmante...

CORBIN
Elle me désespère.

SCAPIN

Pourquoi donc ? Ses cheveux sont des plus abondants ;
Je lui crois tous ses plis, comme toutes ses dents ;
Un grand air de pudeur de son être s'exhale...

CORBIN

Oui, ma fille est charmante, il est vrai, mais d'un sale !...
Figure-toi... mais non, tu ne le pourrais pas !
Desnoyers chez Carjat culbute où vont ses pas (1) !
Son nom seul eût empli la bouche de Cambronne...
Et Pignouflard, demain, effeuille sa couronne
Virginale...

SCAPIN

    Il l'épouse ?

CORBIN

        A peu près. — Comprends-tu ?
Qu'à son époux ma fille apporte sa vertu,
C'est juste ; mais il faut une vertu décente,
Et j'ai peur que la sienne au grand instant ne sente...

SCAPIN

Conduisez-la chez moi, je la ferai laver.

CORBIN
(Avec joie).

Elle se laverait ?

SCAPIN
(Convaincu).

    Très-bien.

_____

(1) Allusion à un plongeon fait quelques jours avant la première représentation de cette pièce (janvier 1864), par le nommé Fernand Desnoyers (de l'Isère), dans la fosse d'aisance en vidange de la maison de l'illustre photographe Carjat, (Carjat, limonade, bière !) un soir de réunion artistique et littéraire.

CORBIN
(*Enthousiasmé*).
Je crois rêver !
Mais que fais-tu ?
SCAPIN
(*Se campant les poings sur les rognons*).
Je suis ruffian, et m'en vante.
CORBIN
(*Scandalisé*).
Nom de Dieu !
SCAPIN
Pourquoi donc ce geste d'épouvante ?
Donnez-moi votre fille... on se lave chez moi.
Vous hésitez ?
CORBIN
(*Très-perplexe*).
Cela me cause quelque émoi...
SCAPIN
(*Avec un mépris écrasant*).
Bourgeois, vous êtes plein de préjugés !
CORBIN
(*Toujours perplexe*).
Peut-être...
Ma fille lavera son cul, cela doit-être ;
(*Avec ménagement et douceur*).
Mais entre se laver et devenir putain,
Diantre !...
SCAPIN
Mais comprenez donc, esprit enfantin,
Que je ne la prends point comme pensionnaire.
Elle ne sera pas une fille ordinaire,

Réclamant aux vieillards libidineux ses gants,
Et tirant tous les jours des coups extravagants...
Je ne veux exercer qu'une sage tutelle
Sur sa personne ; rien de plus.

CORBIN
(Ébranlé).
Baisera-t-elle ?

SCAPIN
Le moyen autrement de lui faire aimer l'eau !

CORBIN
(De plus en plus ébranlé).
On m'a fait du bordel un bien sombre tableau...

SCAPIN
(Avec dédain).
Des Pontmartin !... laissez dire les imbéciles ;
Tous les métiers sont bons en ces temps difficiles :
Le mien est honorable entre tous.

CORBIN
(à qui ses scrupules reviennent).
Cependant...

SCAPIN
(Avec bonhommie).
Mais que suis-je, après tout, s'il vous plaît ? l'intendant
Des plaisirs du public ; position légale,
Honnête, et que nulle autre en ce monde n'égale.

CORBIN
(Avec un accent de conciliation mêlée de scrupules).
Mais ce mot : maquereau !

SCAPIN
Les mots sont du néant,
Cher monsieur ! Vous devez trouver fort malséant,

Alors, que Dinochau (1) donne à dîner au monde
Des lettres, qui n'a pas de fourneaux ?... C'est immonde,
Selon vous, que d'avoir un hôtel pour les gens
Qui n'ont pas de logis ?... Soyons plus indulgents.
On peut fort bien tenir, sans cesser d'être austère,
Un magasin d'amour pour le célibataire.
CORBIN
Il n'en est pas moins vrai...
SCAPIN
                  Qu'on trafique partout :
Les Lévy de Renan, et Hachette d'About !
(Avec une indignation généreuse).
Et nous, quand simplement nous trafiquons des femmes,
On viendrait nous couvrir d'épithètes infâmes !...
CORBIN
Tu m'as ému Scapin... Ton discours est fort beau...
Je t'amène ma fille : achète un lavabo !

---

(1) Restaurateur des lettres, comme François Ier, mais avec moins de faste.

ACTE DEUXIEME

L'INTÉRIEUR D'UN BORDEL

SCENE PREMIERE

LUCINDE, ESTELLE, DES PUTAINS, personnages muets.

ESTELLE

C'est demain, ô mes sœurs! le jour de la visite.

LUCINDE
(A Estelle).

J'ai trouvé dans mes poils, ce soir, un parasite.
Le joli morpion! il était rose et blanc,
Avec un petit signe, à gauche, sur le flanc...

ESTELLE

J'aime les animaux; si celui-là te gêne,
Donne-le-moi : je veux l'offrir à mon Eugène!

UNE VOIX

Ces dames au salon!

ESTELLE

Viens-tu, Nini?

LUCINDE

J'y vais.
(Elles sortent toutes)

SCENE DEUXIEME

PIGNOUFLARD
(Seul, entrant mystérieusement).

Je viens revoir l'asile où, dans les jours mauvais,
J'exerçais librement les fiertés de ma queue !
J'épouse après-demain une prunelle bleue,
Et je viens répéter mon rôle pour l'hymen
Que je dois contracter...

—

SCENE TROISIEME

PIGNOUFLARD, LUCINDE

LUCINDE
Bonjour, petit gamin.

PIGNOUFLARD
(Epaté).
Seigneur ! ma fiancée dans ce logis étrange !

LUCINDE
(Avec force).
Vous y venez bien, vous !

PIGNOUFLARD
(Amer).
En un instant, tout change...
Ma future est en proie aux nœuds des étrangers !
Effeuillez-vous aux vents du nord, blancs orangers !

LUCINDE
(*Tendrement*).

Pourquoi me regarder ainsi, Paulin (1)?... je t'aime !
Notre amour, approuvé par mon père lui-même,
Est noble et pur... Demain, tremblante entre vos bras,
Pignouflard, vous m'aurez... Oh ! dis ! tu m'apprendras
Les doux secrets qu'on livre à la vierge craintive?...

PIGNOUFLARD
(*La repoussant avec dégoût*).

Arrière !... Écoute-moi : le champ que l'on cultive
Ne se défriche plus !...

LUCINDE
(*Plus tendre encore*).

    Mon Pignouflard ! pourquoi
Me repousser ainsi ? Ah ! viens auprès de moi...
Ne te souvient-il plus de nos jeunes années,
De nos projets d'enfance et de nos destinées
Jointes étroitement, marchant du même pas,
Ensemble, comme on voit défiler les soldats ?

PIGNOUFLARD
(*Avec une ironie méprisante*).

J'aurais, pour mon malheur, aussi pu naître femme...
J'aurais pu, comme une autre, être vile, être infâme !
Courir le guilledou jusqu'au Coromandel !
Mais ne fusse jamais entrée en un bordel !...

(1) *Petit nom d'oiseau*. Nul n'ignore que M. Paulin Limayrac, quoique quinquagénaire, n'a pas encore atteint son premier lustre :
  Le jeune Paulin Limayrac,
Est âgé de cinq ans à peine.
    (*Odes funambulesques*).

LUCINDE
(*Soupirant*).

Hélas! ce que Dieu veut...

PIGNOUFLARD
(*De même*).

Oui, c'est une loi dure !
Mais je n'eusse jamais tenté cette aventure
(*Avec l'accent d'un homme qui comprend les exigences de la vie moderne*).
Avant mon mariage... Après, je ne dis pas !
Car il faut à l'époux préparer ses repas...

LUCINDE
(*Avec passion*).

Mais si je suis ici, c'est parce que je t'aime
D'un amour violent, inextinguible, extrême !
Un jour, il est prochain, tu me remercîras...
Une odeur de verveine est éparse en mes draps...
Baudelaire, qui veille au sommet de Leucate (1),
Me trouve faisandée à point et délicate...
Oh! ne me jetez plus de ces regards affreux !
Vous êtes mon lion superbe et généreux !

PIGNOUFLARD
(*Toujours amer*).

Avoir dans un bordel perdu son pucelage !...
Si du moins elle avait vu le jour au village !
Adieu ! je pars...

LUCINDE
(*Égarée*).

Tu pars ?...

(1) Et depuis lors je veille au sommet de Leucate...
(Charles Baudelaire, *Fleurs du Mal*. 1re édition. — Lesbos, pièce condamnée).

PIGNOUFLARD
(Avec dignité).

A la façon d'un pet.

LUCINDE
(Révoltée).

Sans me donner mes gants, peut-être ? quel toupet !

(Entre Scapin).

SCENE QUATRIEME

LES MÊMES, SCAPIN

SCAPIN
(A Pignouflard).

Découvrez-vous, monsieur ! respectez l'innocence...
Il est de ces vertus, au monde, qu'on encence,
Qui ne la valent pas ! Sais-tu, faible cerveau,
Ce que d'elle j'ai fait ?

PIGNOUFLARD
(Toujours amer).

C'est clair !... un simple veau.

LUCINDE
(Offensée).

Il m'insulte, je crois ? Malhonnête !...

SCAPIN

Regarde !

(On apporte une cuvette pleine d'une eau noire à l'excès).

PIGNOUFLARD

De l'encre de Guyot ?

SCAPIN

Non : c'est l'eau que je garde,
Et qui lava le cul de cette enfant, le jour
Qu'on vint la préparer aux actes de l'amour.

PIGNOUFLARD
(Reculant, suffoqué).

O ténèbres ! ça pue étrangement... Il semble
Qu'on ait fait infuser deux Cochinats ensemble !...
(On apporte une seconde cuvette).

SCAPIN

Regarde maintenant cette autre... Eh bien !

PIGNOUFLARD

Elle est
Vide.

SCAPIN
(Triomphant).

Vide ! non pas, mais pleine, s'il vous plait,
D'une eau pure et limpide à ce point, que l'on pense
Ne rien voir...

PIGNOUFLARD

En effet.

LUCINDE
(Avec une douce fierté).

C'est là ma récompense !
Je me lave depuis huit jours avec cette eau...
Est-elle assez propre, hein ?

PIGNOUFLARD
(Subjugué).

Les amours de Watteau
Y mirent leur visage où la rose foisonne !...

LUCINDE
(*D'un air de reproche*).
Diras-tu maintenant que mon cul empoisonne?...
PIGNOUFLARD
(*Avec ivresse*).
On ne se lave bien qu'au bordel! Des ingrats
Peuvent seuls à ton con préférer un con gras!
LUCINDE
Et tu méconnaissais mon cœur...
SCAPIN
(*Emu*).
Ma tâche est douce.

SCENE CINQUIEME

LES MÊMES, CORBIN

CORBIN
(*Entrant avec un sac d'argent, fait en forme de gant. A Pignouflard*).
Et de peur que ton âme encor ne se courrouce,
Voici sa dot, qui vaut bien de vaines primeurs.
SCAPIN
(*Au public*).
Le théâtre, messieurs, est l'école des mœurs.
(*Apothéose et couronnement du buste du divin Marquis*).

FIN

THEATRE EROTIQUE

DE LA RUE DE LA SANTÉ

SECONDE PARTIE

SIGNE D'ARGENT

VAUDEVILLE EN TROIS ACTES

PAR

MM. AMEDEE ROLLAND ET J. DUBOYS (1)

---

(1) La première édition dit : « par l'un des notaires de Vadé, en collaboration avec Fourniquet. » L'éditeur était mal informé. Fourniquet ou Tourniquet (M. Lemercier de Neuville) ne fut pour rien, littérairement, dans la pièce. L'honneur en revient à MM. Rolland et Duboys, tous deux « notaires de Vadé » c'est-à-dire auteurs en collaboration du *Mariage de Vadé*, joué à l'Odéon en 1863, si la mémoire ne nous faut.

PERSONNAGES

LE MARQUIS DE COQUENCU.
LA MARQUISE DE COQUENCU.
GERMAIN, domestique de monsieur, et fouteur de madame.
UN SOLDAT DE L'ARMÉE D'ITALIE.
UN COLPORTEUR DE MAUVAIS LIVRES.

AVERTISSEMENT

Ce drame fut représenté le 27 mai 1863, pour l'inauguration du Théâtre érotique.

Le seul auteur nommé fut M. Jean Duboys, mais M. Amédée Rolland avait collaboré.

Un excès de modestie empêcha l'auteur des *Vacances du Docteur* de faire proclamer son nom.

La pièce eut un fort grand succès, malgré la longueur des entractes. M. Charles Monselet, pour faire prendre patience aux spectateurs, joua, entre le premier et le second acte, la scène du *Monsieur à qui l'on a pris sa place*. Cet intermède fut accueilli par une salve d'applaudissements, qui en devint un tonnerre.

Au troisième acte, le public fut vivement impressionné par l'apparition d'un billet de banque de cinq cents francs, réel et sérieux. La marionnette chargée du rôle de marquis, en jouant avec ce billet, l'ayant imprudemment approché d'une bougie allumée, M. Amédée Rolland, au risque de troubler le spectacle et de compromettre le succès de l'ouvrage, se leva, comme par un ressort, et s'écria.

comme par la trompette du Jugement : « Nom de Dieu ! prends garde de le brûler ! »

Profitant de l'émotion causée par cet accessoire féerique, M. Monselet (encore lui !) se précipita vers le théâtre, et tenta d'en dépouiller la marionnette. Un violent murmure de réprobation, mais d'envie, s'éleva des quatre coins de la salle, et fit comprendre à l'auteur du *Morpion étrusque* qu'il trouverait des juges parmi les spectateurs, puisqu'il avait négligé d'y chercher des complices.

Durant la représentation, M. Poulet-Malassis ne cessa de se compromettre, en faisant, d'une façon ostensible, la vaisselle des mains de mademoiselle Tronquette. Nul doute que par cet exercice de linguistique prolongé les abattis de cette jeune mauricaude fussent devenus comparables à ceux de l'Aurore ; — mais les rafraîchissements ne circulèrent pas.

Signe d'Argent eut cinq représentations.

SIGNE D'ARGENT

ACTE PREMIER

LE THÉATRE REPRÉSENTE UN SALON

SCÈNE PREMIÈRE

LE MARQUIS

Ainsi, le noble nom des Coquencu s'éteindrait!... En vain je travaille comme un consciencieux vigneron à la vigne conjugale, en vain je sarcle et bine... depuis dix ans madame de Coquencu n'a pas montré les moindres traces de fécondité!... Le sang de Vénus, pour employer la poétique expression du sire de Banville, coule en abondance par sa blessure naturelle...

Air : *Je loge au quatrième étage.*

Mon épouse, quoique nerveuse,
N'est jamais prise de vapeurs ;
Sa santé, toujours vigoureuse,
N'a pas, par les pâles couleurs,
Plus souffert que par les flueurs ;

>   Et vainement je me hasarde
>   Dans un endroit qui m'est connu...
>   Elle a beau me dire : Prends... garde !
>   Moi je ne lui prends... que le cul ! } bis.

Les attaques de nerfs de mon épouse sont généralement simulées et ne sont suivies d'aucune espèce de vomissements. Cette absence absolue de symptômes me démontre d'une façon déplorablement exacte que je n'aurai pas encore d'héritier cette année..... Il ne sera pas dit cependant qu'un Coquencu n'aura pas fait tous ses efforts pour perpétuer sa race, et aujourd'hui même, je ferai un dernier essai !... Holà ! quelqu'un ! (*Il va sonner au fond.*) Germain !...

SCENE DEUXIEME

LE MARQUIS, GERMAIN, en livrée

GERMAIN

Monsieur le marquis a sonné ?

LE MARQUIS

Priez madame de Coquencu de venir me joindre céans.

(*Germain s'incline et sort*).

SCENE TROISIEME

LE MARQUIS, seul.

Cette entrevue suprême va décider du sort de ma race illustre. O Népomucène Coquencu! glorieux chevalier des croisades, inspire ton humble descendant!... donne-lui du nerf! donne-lui du nerf!! donne-lui du nerf!!

SCENE QUATRIEME

LE MARQUIS, LA MARQUISE

LA MARQUISE

Vous désirez me voir, monsieur le marquis?...

LE MARQUIS
(Tendrement).

Oui, belle dame ; nous avons à causer de choses..... graves...

LA MARQUISE
(Minaudant).

Oh! marquis... de choses graves!..

LE MARQUIS
(De plus en plus tendre)

De choses infiniment... graves!...

LA MARQUISE
(Curieuse).

Je vous écoute.

LE MARQUIS
(*Tout en interrogeant son pantalon*).

Madame... (*A part.*) Je ne sais pas comment lui dire ça, moi...

LA MARQUISE
(*Qui grille de savoir*).

Mais allez donc, monsieur, allez donc !... Vous êtes insupportable avec vos rétentions... de langage.

LE MARQUIS
(*Que la réponse de son pantalon n'a pas satisfait*).

Madame... Hem ! hem ! c'est très-embarrassant, parole d'honneur !... Madame !...

LA MARQUISE

Monsieur ?

LE MARQUIS
(*Trouvant un joint*).

Avez-vous encore de ces excellentes pastilles que vous me faisiez prendre dans les premiers temps de notre mariage ?...

LA MARQUISE
(*Avec pudeur*).

Quoi ! monsieur... est-ce que vous désireriez...

LE MARQUIS
(*Dont la queue vient d'avoir un bon mouvement*).

Justement... je désire !... O Ernestine ! as-tu déjà oublié nos tendresses ?...

LA MARQUISE
(*Allumée par ce mouvement que son regard a surpris*).

Mon Jules !... voici mon drageoir... (*Elle lui donne son drageoir.*)

LE MARQUIS
(*S'en emparant avidement*).

Merci, reine de mes amours ! (*A part.*) Un peu de cantharide ne fait jamais de mal...

Air de Masaniello.

La cantharide est à Cythère
En usage, comme à Paris ;
Son effet est très-salutaire,
Surtout pour nous autres maris.
Ce bonbon me change en Alcide !
J'étais si faible auparavant...
En avant de la cantharide ! } bis
Oui, la cantharide en avant ! }

(*Il avale précipitamment une pastille*).

LA MARQUISE
(*Qui suit tous ses mouvements avec intérêt*).

Prends en deux, mon ange !...

LE MARQUIS
(*Prenant avec empressement une seconde pastille*).

Oui, mon idole !...

LA MARQUISE
(*A part*).

Et dire qu'il a absolument besoin de ces sortes de choses !... Germain s'en passe fort bien, lui !...

LE MARQUIS
(*Dont la queue est redevenue muette*).

Si vous alliez chercher les verges... ma colombe ?...

LA MARQUISE
(*Résignée*).

Oui, mon pigeon, si vous le désirez...

(*Fausse sortie*).

LE MARQUIS
Air : *Les bottes à Bastien.*

Mais j'aimerais aussi, marquise,
Cette préparation du paon,
Quand la plume, sous ma chemise,
Caresse ma bourse qui pend.
Hélas! faut-il que je le dise?
De ce paon mon bonheur dépend...

LA MARQUISE

Soyez donc satisfait, mon ami! (*Elle lui met une plume de paon entre les fesses.*)

LE MARQUIS
(*Se promenant en faisant la roue, mais sans bander*).

Oh! le joli paon! le joli paon,
Pan, pan,
Qui fait pan, pan,
Pan, pan,
Sur ma bourse qui pend!
Si du paon
Dépend
Mon plaisir, c'est qu'un paon,
Cet animal pimpant,
A Vénus fit pan, pan!

LA MARQUISE
(*Lui passant la main sur le dos, pour l'émoustiller*).

Oh! le beau paon!... Qu'il est donc gentil, ce beau paon!... qu'il a donc une belle queue-queue, ce beau paon!...

LE MARQUIS
(*Sentant que ça vient*).

Encore!... encore!...

LA MARQUISE
(*Faisant habilement patte d'araignée*).

Oh ! Dieu ! le beau paon !... le beau paon !... le beau paon-paon !...

LE MARQUIS
(*Qui raidit peu à peu*).

Ça me monte !...

LA MARQUISE
(*Précipitant ses manipulations*).

Oh !... le beau paon !... le beau paon !...

LE MARQUIS
(*Qui est parvenu à bander*.

Assez !... assez !... assez !... Ah ! quel plaisir !...

LA MARQUISE
Lui caressant le membre avec précaution, de peur de le casser)

Oh ! le beau paon !... Qué que nous n'avons donc là, petit polisson ?...

LE MARQUIS
(*Qui godille*).

O Ernestine ! je t'aime !... je... je... je... t'ai...me... me... (*Il chante, tout en couvrant la marquise de baisers de feu, depuis la gorge jusqu'au nombril.*)

Air : *Un jour à la barrière*.

Laisse égarer ma bouche...

LA MARQUISE
Lui baissant la tête dans la direction où elle veut qu'il aille).

Plus bas, plus bas...

LE MARQUIS
Partagé entre l'envie de la gamahucher et celle de la branler)

Que mon medium te touche...

LA MARQUISE
(*Lui baissant toujours la tête*).
Plus bas, plus bas...

LE MARQUIS
(*Même jeu*).
Sens-tu ma douce lèvre ?...

LA MARQUISE
(*Même jeu*).
Plus bas, plus bas...

LE MARQUIS
(*Pâmé*).
Je brûle, j'ai la fièvre...

LA MARQUISE
(*Même jeu*).
Va donc plus bas...
(*Parlé*). Oh ! Jules... Jules... prends garde !...

LE MARQUIS
(*La tête enfouie dans l'agréable gazon de la marquise, et faisant travailler sa langue avec énergie*).
Quoi ?

LA MARQUISE
(*Pudiquement*).
Tu vas manger mon fruit...

LE MARQUIS
(*Retirant sa tête et sa langue*).
Ton fruit ?... Mais alors... il serait vrai... O Ernestine ! pas de fausse joie !... serait-il vrai que je vais être père ?...

LA MARQUISE
(*Lui conduisant la main comme elle lui a conduit la tête*).
Touchez, marquis !...

LE MARQUIS
(*Têtant*).

Voici l'instant de placer une phrase — Oui ! oui ! je le sens palpiter dans tes flancs sacrés, le Coquencu de l'avenir !... oui !... oui ! oui ! il palpite !

LA MARQUISE
(*Brusquement*).

Nous le mettrons à l'École polytechnique ! veux-tu ?...

LE MARQUIS
(*Ravi*)

Il embrassera la carrière des armes, ce qui est une manière de baiser les femmes...

LA MARQUISE
(*Changeant d'avis*).

Ou il entrera dans le barreau, comme son grand-oncle...

LE MARQUIS
(*Avec un noble dédain*).

Fi ! marquise !... fi ! le dernier Coquencu ne sera point de robe.

LA MARQUISE
(*Se passionnant*).

Si ! monsieur le marquis, je l'exige !...

LE MARQUIS
(*Avec dignité*).

Hein ! qu'est-ce à dire ?...

LA MARQUISE
(*S'exaspérant*).

Vous me violentez !...

LE MARQUIS
(Étonné).

Moi !...

LA MARQUISE
(Qui fait tout ce qu'elle peut pour pleurer).

Vous êtes un tyran !...

LE MARQUIS
(De plus en plus étonné, et se reboutonnant pour ne pas laisser voir ses parties, vraiment honteuses en ce moment).

Mais, madame de Coquencu...

LA MARQUISE
(De même).

Et l'on ne traite pas ainsi une malheureuse femme enceinte...

LE MARQUIS
(Essayant de la calmer).

Ecoutez-moi...

LA MARQUISE
(De même).

Non... non... non ! je veux me mettre en colère, moi, na !...

LE MARQUIS
(Suppliant).

Ernestine !...

LA MARQUISE
(Même jeu).

Cela gâtera mon fruit... tant mieux !...

LE MARQUIS
(De plus en plus suppliant).

Par grâce !...

LA MARQUISE

(*Au plus haut point de l'exaspération*).

Et si vous n'êtes pas content, voilà pour vous !...

(*Elle le bat comme blé en grange*).

LE MARQUIS

(*Fuyant*).

Aïe !... aïe !... aïe !...

LA MARQUISE

(*Se pâmant*).

Ah ! Dieu !... le méchant homme !... le méchant homme !...

LE MARQUIS

(*Revenant vers elle pour essayer de la consoler*).

Comment ! c'est moi que... et c'est elle qui...

LA MARQUISE

(*Sanglottant*).

J'en mourrai !... De l'air !... de l'air !... Ah !...

(*Attaque de nerfs simulée*).

LE MARQUIS

(*Dans une grande agitation*).

Oh ! mon Dieu ! que faire ?... Toinon !... Germain !... Elle va gâter son fruit... elle va le gâter... il ne faut pas qu'elle le gâte... j'ai eu trop de peine à l'avoir... Il faut le sauver... il faut sauver le dernier des Coquencu... Toinon !... Germain !... Voyez si ces drôles viendront !... Toinon !... Germain !... Des sels ! du vinaigre ! du poivre !... de l'huile !...

(*Il sort en courant et en appelant, la tête perdue, les mains levées vers le ciel*).

SCENE CINQUIEME

LA MARQUISE évanouie; GERMAIN

GERMAIN
(*Regardant la marquise, et souriant*).

Air de Saltarello.

Oui, je connais ça : c'est madame
Qui prend son p'tit air polisson ;
Elle a besoin, la chère femme,
D'une façon de ma façon :
Elle n'est jamais à son aise
Que quand son mari n'est pas là...
En v'là un' qui veut qu'on la baise!...
C'est vrai qu'les femm's sont fait's pour ça.

(*Il s'approche d'elle, s'agenouille, lui relève la robe et les jupons, lui écarte les cuisses, et se met en devoir de la baiser*).

Ensemble.

GERMAIN
(*Tout en baisant la marquise*)

Oui, je connais ça... c'est madame...
Qui prend... son p'tit air... polisson...
Elle a besoin... la chère femme...
D'une façon... de ma façon...

LA MARQUISE
(*Tout en se trémoussant sous Germain*).

Tu me... connais... je suis ta... dame...
Je prends... mon p'tit air... polisson...
Et de toi... Germain... je réclame...
Une... façon... de... ta... façon...

ACTE DEUXIEME

LE THÉATRE REPRÉSENTE UN PAYSAGE DE L'ÉCOLE RÉALISTE

SCENE PREMIERE

UN SOLDAT D'ITALIE, UN COLPORTEUR

(Ils sont accroupis aux coins de la scène, en train d'y poser des sentinelles).

LE SOLDAT
(Évacuant avec facilité).

Une! deusse!... c'est un miel!...

LE COLPORTEUR
(Qui est constipé).

Aïe!... Pour peu que les choses durent, je dépenserai toutes mes économies en purgatifs...

LE SOLDAT
(Poussant joyeusement une dernière crotte).

Eh! dites donc, l'ancien!... vous m'avez l'air de mauvaise humeur?...

LE COLPORTEUR
(Qui pousse péniblement son premier rondin).

Je le crois bien!... Tout va de mal en pis, pour nous autres colporteurs... Je ne vendais déjà pas tant de livres... voilà t'il pas maintenant qu'ils nous ruinent avec leur estampille!... Ils ne savent qu'imaginer, parole d'honneur!... Aïe!... que c'est dur!...

LE SOLDAT
(*Il se lève et se reculotte*).

Quel plaisir, hein ! de poser son fricandeau dans les épinards ?...

LE COLPORTEUR
(*Se levant aussi, mais sans achever son fricandeau*).

On voit bien que vous êtes un sans-souci, vous...

LE SOLDAT

Et quel souci que j'aurais, nom de Dieurge !... Ne suis-je pas couvert de gloire, ni plusse ni moinsse que le reste de l'armée française ?...

Air du conscrit de Montmartre.

Nous ons pris Sébastopol,
   Délivré l'Italie ;
Nous ons expurgé le sol
   Qu'on nomme la Syrie :
De la Chin' nous revenons :
Au Mexiqu' nous mexicons !
  Nous sommes des lurons,
  Et partout nous chions
Sans que l'on nous en prie !...

LE COLPORTEUR
(*Mélancolisé par sa constipation*).

La littérature est dans le marasme...

LE SOLDAT
(*Qui, tout en se rhabillant, contemple avec satisfaction sa merde*).

Des Autrechiens à frotter, et pnie de campagne !...

LE COLPORTEUR
(*Marmiteux*).

Rien que les *Jeudis de madame Charbonneau* dans mon sac !

LE SOLDAT
(*Radieux*).

Une selle copieuse, j'ose le dire!... Le maréchal Bugemard en aurait été content!...

LE COLPORTEUR
(*De plus en plus furieux de sa constipation*).

Un échauffement à tout casser!...

LE SOLDAT
(*Même jeu*).

Tout va le mieux du monde!...

LE COLPORTEUR
(*Même jeu*).

Les choses sont au pis!...

LE SOLDAT
(*Après un dernier regard de complaisance jeté sur son étron*).

Voilà qui est fait!... A l'avantage, l'ancien!...

(*Il s'éloigne*).

LE COLPORTEUR

Ma foi! je vous suis... Je serai peut-être plus heureux derrière le prochain buisson.

(*Il ramasse son ballot et s'éloigne avec le guerrier*).

SCENE DEUXIEME

LE MARQUIS, LA MARQUISE
(*Ils entrent par le fond à droite*).

LA MARQUISE

O mon Jules! quel site délicieux!... Arrêtons-nous ici, veux-tu?...

LE MARQUIS
(*Soumis comme un homme heureux d'être bientôt père*).

Tu sais, Ernestine, que je suis l'esclave de tes désirs.

LA MARQUISE
(*S'approchant de l'endroit où le guerrier a ronflé du bourrelet*).

Quelle odeur charmante on respire dans ce bocage !... sans doute celle des fleurs de ces prairies...

LE MARQUIS
(*Se bouchant le nez avec dégoût*).

Je trouve que ça pue horriblement, moi !...

LA MARQUISE
(*D'un air de reproche*).

O Jules ! que vous êtes prosaïque !...

LE MARQUIS
(*Qui persiste dans son dégoût*).

Je ne suis pas prosaïque ; je trouve que ça sent mauvais : voilà tout...

LA MARQUISE
(*Reniflant comme dans un parterre de roses*).

Moi, je trouve que ça sent bon !... et je veux que vous trouviez que ça sent bon !...

LE MARQUIS
(*Protestant*).

Cependant, chère amie...

LA MARQUISE
(*Contrariée*).

Oh ! j'ai mes nerfs !... j'ai mes nerfs !...

LE MARQUIS
(*Alarmé*).

Grand Dieu ! et mon enfant que la moindre colère pourrait tuer !...

Air de l'amiral Cornarini).

N'allons pas troubler le fruit
   Qui se produit
   Dans son réduit !
Il grouille, grouille, grouille, grouille, grouille encore...
   Cet enfant,
   Qui triomphant
Doit sortir de son noble flanc,
Avec moi déjà coll, coll, coll, coll, collabore...
   Oui, certe, un Coquencu } *bis.*
   Sortira de son cu !

(Se décidant à être, malgré lui, de l'avis de la marquise).

Oui, chère amie, vous avez raison : cette odeur est délicieuse...

LA MARQUISE
(Radieuse).

A la bonne heure !...

LE MARQUIS
(Avec conviction et un haut-le-corps).

Et cependant ça pue ! *(Il marche dans la mouscaille du soldat.)* Là ! que disais-je !

LA MARQUISE
(Avec douceur).

Quoi donc, mon ami ?...

LE MARQUIS
(Lui montrant l'ouvrage du troupier.

Signe d'argent !

LA MARQUISE
(Avec reproche).

Oh ! fi ! marquis !...

LE MARQUIS
(*Étonné*).

Quoi donc?...

LA MARQUISE
(*Scandalisée*).

Vos expressions sont d'un vulgaire!

LE MARQUIS

Dam! au moins les mots ne puent pas, et vous trouviez tout à l'heure que la chose elle-même sentait bon.

LA MARQUISE
(*Avec aigreur*).

Des reproches maintenant!... Ah! que je suis malheureuse!...

LE MARQUIS

De grâce, calmez-vous!...

LA MARQUISE
(*Nerveuse et pleurant*).

Oh! oh! oh!...

LE MARQUIS
(*Essayant de l'apaiser*).

La! la! la!.. ma petite poule...

LA MARQUISE
(*Se pâmant*).

Mon flacon! j'ai oublié mon flacon!...

LE MARQUIS
(*Embarrassé*).

Elle se trouve mal!... Que faire?...

LA MARQUISE
(*Se trémoussant, agacée*).

De grâce, un parfum! n'importe lequel!... un parfum!

LE MARQUIS
(*Regardant à ses pieds, où gît l'œuf pondu par le guerrier*).
Quelle idée !...
    (*Il témoigne, par un geste éloquent, de sa répugnance à saisir le parfum sus-indiqué*).
LA MARQUISE
(*Toujours pâmée*).
Oh ! je souffre !... je souffre !...
LE MARQUIS
(*Plein d'anxiété*).
Et pas de papier !...

SCENE TROISIEME

LES MÊMES, LE COLPORTEUR

LE COLPORTEUR
Ça n'a pas réussi davantage !... *Les Jeudis de madame Charbonneau* me portent malheur.
LE MARQUIS
(*Illuminé*).
Eh ! brave homme ! vous vendez des livres ?...
LE COLPORTEUR
Oui, monsieur, à votre service ; lequel désirez-vous ?...
LE MARQUIS
(*Vivement*).
Oh ! n'importe lequel, pour ce que j'en veux faire !...
LE COLPORTEUR
(*Déballant sa marchandise*).
J'ai justement ce qu'il vous faut...

LE MARQUIS

Donnez, donnez!... (*Le colporteur lui donne un livre, en échange duquel le marquis lui donne une bourse.*) Tenez!...

LE COLPORTEUR
(*S'éloignant*).

La chance a l'air de tourner... Allons dans ce fourré faire une nouvelle tentative pour accoucher du derrière.

SCÈNE QUATRIÈME

LES MÊMES, moins le colporteur

LE MARQUIS
(*Avec une répugnance marquée*).

Cette odeur réveillerait un mort!

(*Nonobstant, il se baisse vers l'étron de Mars, le saisit avec précaution, l'enveloppe délicatement et le présente au nez de la marquise*).

LA MARQUISE
(*Soubresautant agréablement*).

Ah! ah! ah! l'odeur délicieuse!...

LE MARQUIS
(*Stupéfait de ce résultat*).

Étrange perversion de l'odorat chez les femmes enceintes! Oh! nature! qui pourra connaître toutes tes bizarreries!... Inouï! inouï! inouï!

LA MARQUISE
(*Revenant tout à fait à elle*).

Je me sens mieux... Vous avez donc trouvé mon flacon?...

LE MARQUIS
(Avec embarras).

Oui... oui...

LA MARQUISE

Ne l'égarez pas, je vous prie... je suis si faible encore... il faut que je le sente pendant tout le temps...

LE MARQUIS
(A part).

Comment!... il faut que j'emporte!... (*Haut.*) Fais attention, chère amie... il ne faut pas abuser des odeurs... fortes...

LA MARQUISE

Vous allez me contrarier encore?...

LE MARQUIS

Non!... non!...

LA MARQUISE

Alors... à l'hôtel!...

LE MARQUIS

Non pas!... à la maison la plus prochaine! J'ai hâte de me débarrasser de ce... de cette...

LA MARQUISE

Et vite!... vite!...

LE MARQUIS

Oh! les femmes enceintes!... Si j'avais su, j'aurais fait comme Saturne : j'aurais mangé mon enfant.

Air : *Folichons et folichonnettes.*

Ce parfum qui ne sent pas l'ambre
    Je vais le déposer
Au fond de la première chambre
    Que je vais rencontrer!

LA MARQUISE
Mais ça sent très-bon !
LE MARQUIS
Je trouve que non !
LA MARQUISE
Oui.
LE MARQUIS
Non.
LA MARQUISE
Oui.
LE MARQUIS
Non.

(*Reprise*).

ACTE TROISIEME

SCENE PREMIERE

LE MARQUIS
(*Seul*).

Depuis une heure, désespéré, je garde dans ma poche ce parfum par trop odorant... Mes valets, dans la voiture, tournent la tête et reniflent d'une façon significative... Un essaim de mouches de toutes les couleurs tourbillonne autour de moi, et un escarbot est venu s'abattre dans le gousset de ma veste... Cette situation n'est pas tenable !

Air : *Femmes voulez-vous éprouver.*

Un gros pourceau qui digérait
Dans la cour de cette chaumière,
Du bourbier qui le recouvrait
Sortit, la tête la première,
Et sentant la fatale odeur,
Il accourt, comme une bourrasque...
Le cochon voulait, sur l'honneur, *bis*
De mon habit manger la basque.

Mais, par bonheur, j'ai pu échapper une minute à la

surveillance active de la marquise... J'ai feint un besoin pressant, et je vais, tout à mon aise, me débarrasser de ce paquet désagréable... Voyons... où pourrais-je bien le cacher?...

(Il cherche minutieusement une cachette).

SCENE DEUXIEME

LE MARQUIS, LA MARQUISE

LA MARQUISE

Eh bien! mon ami, c'est ainsi que vous me laissez seule!

LE MARQUIS

Aïe! la marquise!...

(Il essaye de lui dérober son paquet).

LA MARQUISE
(Remarquant son embarras).

Que cachez-vous là, Jules?...

LE MARQUIS
(De plus en plus embarrassé).

Rien, Ernestine... oh! rien du tout...

LA MARQUISE
(Boudeuse).

Ah! vous ne m'aimez plus, puisque vous avez des secrets pour moi...

LE MARQUIS
(Avec sincérité).

Je vous jure...

LA MARQUISE
(*Mélancolique*).

Pauvre être, qui palpites dans mes entrailles, tu n'auras qu'un père dénaturé!...

LE MARQUIS
(*Plein de perplexité*).

Où le cacherai-je?... Mon Dieu! où le cacherai-je?...

LA MARQUISE
(*Qui croit deviner*).

Le mystère dont vous vous enveloppez me donne un singulier soupçon...

LE MARQUIS
(*Vivement*).

Je t'assure qu'il n'y a rien...

LA MARQUISE

Ah! je le devine... je le sens... il s'agit d'une rivale!

LE MARQUIS
(*Avec dégoût*).

Pouah! Une rivale de madame Domange, peut-être, mais de vous!... oh!

LA MARQUISE
(*Avec insistance*).

Jules, montrez-moi le contenu de ce papier!...

LE MARQUIS
(*Suppliant*).

Par grâce!...

LA MARQUISE
(*D'un ton qui n'admet pas de réplique*).

Je veux le voir!...

LE MARQUIS
(*De mauvaise humeur*).

Eh! que diable! madame!...

LA MARQUISE
(Avec violence).

Je veux le voir!... je veux le voir!... (*Doucement.*) Mon Dieu! c'est un caprice de femme, mon ami! cède! Que t'importe, si tu n'es pas coupable?... (*Eclatant.*) Monsieur le marquis, je veux voir le contenu de ce papier!...

LE MARQUIS
(*Poussé à bout*).

Soyez donc satisfaite, marquise...

(*Opération du dépliage, pleine de précautions d'abord, d'odeur ensuite*).

LA MARQUISE
(*Au comble de l'étonnement*).

Que vois-je!...

LE MARQUIS

Pouah!

(*Il éternue*).

LA MARQUISE
(*Même jeu*).

Comment pouvez-vous avoir de semblables objets dans votre poche?

LE MARQUIS

Comment!... C'est vous-même qui...

LA MARQUISE
(*Même jeu*).

Moi?... moi?... moi!...

LE MARQUIS
(*De mauvaise humeur*).

Sans doute, madame!

LA MARQUISE
(*Blessée*).

Marquis ! vous êtes un impertinent !...

LE MARQUIS
(*Blessé aussi*).

Marquise ! vous êtes une... une... une... inconséquente ! Depuis ce matin vous avez des caprices étranges, que je suis contraint sans cesse de contenter, et quand je les ai satisfaits, vous me faites encore des reproches !...

LA MARQUISE
(*Pleurant et se crispant*).

Oh ! mon Dieu ! que je suis malheureuse !...

LE MARQUIS
(*Avec ironie*).

Ah ! vous savez... pas d'attaques de nerfs ! Je la connais, à la fin, celle-là !...

LA MARQUISE
(*Stupéfaite*).

Je la connais ?... Qu'est-ce que vous connaissez ?...

LE MARQUIS
(*Même jeu*).

On ne me le met plus, je vous en préviens !...

Air du Piano de Berthe.

On n'me le met plus,
On n'me le met plus,
Ainsi vos efforts seront superflus !
Vous me l'avez mis trop longtemps, madame ;
Pour vous je n'ai plus qu'un reste de flamme...
On n'me le met plus,
On n'me le met plus !

LA MARQUISE
(Au comble de l'indignation).

On ne le lui met plus... on le lui a donc déjà mis ? L'homme que j'ai honoré de mes faveurs aurait donc des goûts contre nature ?... On ne le lui met plus !... Ah ! oser parler cet argot devant moi !... oser me manquer de respect à ce point !... me traiter comme la dernière des dernières ! Je me vengerai ! oui !...

LE MARQUIS
(Toujours ironique).

Evanouissez-vous, si vous voulez.... je m'en bats l'œil !...

LA MARQUISE
(Sur le point d'éclater, se ravisant tout à coup).

Quelle idée ! (*Doucement.*) Oh ! marquis de mon cœur, petit marquis, gentil marquis, mon seul amour, écoutez votre petite femme qui vous aime bien, qui vous caressera, vous dorlotera, vous mignonnera et vous aimera jusqu'à la fin de vos jours !

LE MARQUIS
(Sensible à ses cajoleries).

A la bonne heure !...

LA MARQUISE
(Tendrement).

Gros Jules voudrait pas faire gros nachagrin à sa Nestine, n'est-ce pas ?...

LE MARQUIS
(Tendrement aussi).

Non !... non !... non !...

LA MARQUISE
(*Le cajolant comme elle ferait pour Germain*).

Bon lapin, bon petit monjoze chéri, bisez maman!...

LE MARQUIS
(*A moitié vaincu*).

Sans doute...

LA MARQUISE
(*Même jeu*).

Petit chien de deux sous à sa mémère chérie!...

LE MARQUIS
(*Aux trois quarts vaincu*).

Je ne dis pas non...

LA MARQUISE
(*Même jeu*).

Et maintenant, mémère a une grosse, grosse envie, aussi grosse qu'elle est grosse!...

LE MARQUIS
(*Tout à fait vaincu*).

Dites votre envie, marquise.

LA MARQUISE
(*Même jeu*).

Promets-moi, mon loup chéri, que tu t'y soumettras? je dirai après... Tu sais qu'une envie, c'est très-grave pour une femme enceinte...

LE MARQUIS
(*Qui bande presqu'autant que Germain*).

Enjôleuse, va!... Dalila!...

LA MARQUISE
(*Même jeu*).

Tu dis, mon poulet?...

LE MARQUIS

Je dis : Dalila!...

LA MARQUISE
(Même jeu).

Je serai bien gentille... tu verras !...

LE MARQUIS
(Qui bande tout à fait comme Germain).

Eh bien ! soit !... je promets...

LA MARQUISE

Dites : Je jure ma foi de gentilhomme !...

LE MARQUIS

Foi de gentilhomme !...

LA MARQUISE

Par le noble nom de Coquencu !

LE MARQUIS

Par l'illustre nom de Coquencu !...

LA MARQUISE

De me soumettre aux désirs de ma petite femme...

LE MARQUIS
(Qui croit qu'il s'agit d'un petit voyage à Cythère).

Je le jure !... et ce désir...

LA MARQUISE
(Tranquillement).

Oh ! mon Dieu, c'est bien simple... (*Lui montrant l'étron du guerrier.*) Fais-le cuire.

LE MARQUIS
(Qui croit avoir mal entendu).

Hein !

LA MARQUISE
(Répétant avec la même tranquillité).

Fais-le cuire.

LE MARQUIS
(Avec une noble indignation).

Jamais!...

LA MARQUISE
(Avec une ironie méprisante).

Alors, tu violes ton serment!... O Coquencus passés! j'en appelle à vous de l'indignité du Coquencu présent!...

LE MARQUIS
(Troublé).

C'est vrai, j'ai juré...

LA MARQUISE
(Voulant profiter de son trouble).

Allons à la cuisine!...

LE MARQUIS
(Même jeu).

Mais encore... je voudrais savoir le motif...

LA MARQUISE

Le motif?...

LE MARQUIS

Oui...

LA MARQUISE
(Avec une simplicité digne des temps antiques).

Le motif?... Je veux en manger.

LE MARQUIS
(Ne pouvant en croire ses oreilles).

Vous!...

LA MARQUISE
(Même jeu).

Moi!... j'en ai envie...

LE MARQUIS
(De même).

Mais c'est monstrueux !...

LA MARQUISE
(D'un ton qui n'admet pas de réplique).

Une envie de femme enceinte, c'est sacré !... Votre fils en aurait un au bout du nez...

(Elle sort majestueusement, après avoir, une dernière fois, montré l'étron du guerrier).

LE MARQUIS
(Résigné).

Cet argument me décide... mais... il n'y a pas de cuisine ici...

Macédoine d'airs connus.

Ah ! j'aperçois une bibliothèque,
Comme cuisine elle peut me servir...
Près de Louvet j'y vois placé Senèque,
Et Blum et Flan à côté de Saphir...

Mais dans mon choix vraiment tout m'embarrasse...
Prenons d'abord des feuilles de laurier :
Cet Aminta me servira de tasse,
Cet Arétin vaut tout un poivrier.

En fait de sel, je vois ici Molière ;
Je vois Clairville... oh ! mais c'est du gros sel !
Grangé, Thiboust, dans la même salière,
Avec Crémieux, sont présents à l'appel...

Ce Monselet servira de muscade,
Si vous l'aimez, je vous en mets partout :
Pour que mon plat ne demeure pas fade,
J'y joins encor ce girofle : Babou !

Lions le tout avec une ficelle :
Chez Dennery je la trouve, ma foi ;
Mais un heureux auteur, je crois, m'appelle,
Et papillonne assez auteur de moi.

C'est toi, Sardou ! c'est toi, couvert de gloire,
Perle, bijou... de succès constellé,
Eh bien ! Sardou, malgré ta *Perle noire*,
Je te prendrai pour un oignon brûlé...

Quoi donc encor?... L'ail, qu'à tort on repousse,
Est un parfum réel, quand avec art
Il se combine avec la sauce rousse :
L'ail le meilleur nous vient de Molinchart !

Ajoutons-y Banville, dont la crême
N'a pas tourné, malgré le mauvais temps ;
Et pour lier cette sauce suprême,
Cassons cet œuf : Moineaux sera dedans.

Un peu d'Alfred Delvau, très-peu, ne saurait nuire :
Ses *Amours* sont *malsains*, mais en les faisant cuire...
Les *Drames de Paris*, par Ponson du Terrail,
Feront très-bon effet dans cette casserolle ;
Pontmartin ! ses *Jeudis*... parbleu ! voilà de l'ail...
Déjà je m'en servis, mais ce qui me console,
C'est qu'un peu d'ail en plus ne sera qu'un détail.

    Oh ! oh ! voici les épigrammes
    De l'appelé Pons de Verdun !
Epigrammes d'agneau vont bien avec les *Drames*
De Paris... c'est parfait !... remuons ! Encore un,

Pour épicer ces épigrammes :
Holà ! que vois-je ! *le Vieux Con !*...
Ce titre me semble bizarre,
Plus encor que *l'Erotikon :*
Relisons un peu... *le Vieux Con*
Sul. Ah ! *sul !* je comprends ! et mon esprit s'égare ;
Dans toute sauce il faut de l'eau :
Le Vieux Con et Ponroy sont d'un fade assez rare...
Ponsard !... le cas est abusif !
Toute la chose se décline,
Rien ne manque à cette routine,
Nominatif ni génitif :
Pons, Ponson, Pontmartin, Ponroy, Ponsard, Pousif !

Maintenant, un peu de vinaigre :
Lacenaire, par Cochinat ;
Ah ! non, ça n'est pas de l'orgeat,
La prose noire de ce nègre !

Un petit bouquet de persil :
Les *Talons noirs,* que Jaime fit ;
Je crois que cela me suffit ;
Pourtant l'oignon encore manque.

Ah ! pelons *la Grâce de Dieu !*
Elle me fait pleurer, morbleu !
Pourtant je lui préfère un peu,
Entre nous, un billet de banque...

Diable ! ménageons *Pulkriska,*
Évitons ce sort à *Paillasse :*

L'œuvre de deux auteurs de race
N'est pas faite pour le caca.

Jean Coutaudier? n'est-ce pas louche !
L'Usurier?... je n'ai pas osé !
A *Gaëtana* je ne touche :
Qu'en penseraient Ribe et Mosé !

Voici Sarcelle de Gouttière,
Gibier très-maigre, en vérité,
Mais nous avons une matière
Suffisamment grasse à côté...

Que pourrais-je ajouter encore ?
Ah ! ce vieux balai... Dennery !
Ou G. Claudin que l'on décore!!!!
Puis *la Vengeance du Mari.*

Saisissons Gandon, ce vieux sabre
Que Bourdillat brandit en vain ;
Ajoutons-y ce con-de-Labre,
Canonisons cet aigrefin ;
C'est fini... Non, ce gand... Jouvin !

Oui, oui, vraiment cette bibliothèque,
Comme cuisine ici peut me servir :
J'y trouverai, non pas la rime en èque,
Mais bien de quoi contenter mon désir...

(*Tout en chantant, le marquis a confectionné le plat de merde destiné à sa femme; quand il est prêt, il l'apporte en criant*):

Voilà qui est fait, marquise !

LA MARQUISE
(*Rentrant aussitôt*).

Ce plat a vraiment bonne mine; marquis, je vous félicite.

LE MARQUIS
(*Qui voudrait mériter d'autres éloges*).

Euh! euh!...

LA MARQUISE

Vous me semblez en douter...

LE MARQUIS
(*S'en défendant*).

Moi? non certainement...

LA MARQUISE

Alors, voulez-vous me tenir compagnie?...

LE MARQUIS
(*Poliment*).

Je craindrais qu'il ne vous en restât pas assez...

LA MARQUISE
(*Insistant*).

De grâce, marquis, pas de discrétion exagérée! Puisque je vous invite à partager avec moi cette friandise, c'est que cela me sera agréable...

LE MARQUIS
(*Résistant toujours*).

Je vous jure que je n'ai pas faim!

LA MARQUISE
(*Comme prise d'un soupçon subit*).

Ah! je devine tout!... vous voulez vous débarrasser de moi! depuis longtemps je vous pèse!... ce mets est empoisonné!...

LE MARQUIS
Air : *Il était un petit homme.*
Je sais qu'il empoisonne,
Mais ce n'est pas, non, non,
Du poison ;
A moins que la personne
Qui fit cet objet-ci,
Sans souci,
Le confectionna,
Et le déposa
Où mon nez le trouva,
Ne fut empoi...
Ne fut empoi...
Empoisonnée aussi !...

LA MARQUISE
(*Qui tient à son idée*).
Alors, pour que votre innocence éclate... goûtez !

LE MARQUIS
(*Se récusant*).
Mais...

LA MARQUISE
Goûtez, goûtez, vous dis-je... mais goûtez donc, marquis !...

(*Elle lui met la tête dans le plat*).

LE MARQUIS
(*La bouche pleine*).
Mais... madame de Coquencu...

LA MARQUISE
(*S'éloignant en poussant des cris de paon*).
Fi ! le vilain homme ! ne m'approchez pas !..... vous empestez !... je me plaindrai à ma mère... je ne veux

pas rester unie à un monstre qui mange de pareilles infamies!... Allez vous-en! allez vous-en!... voulez-vous vous en aller bien vite!...

     LE MARQUIS
    (*La gueule enfarinée*).

Madame?...

     LA MARQUISE
   (*Avec colère, dégoût et mépris*).

Ne me suivez pas!... je ne veux plus vous voir!

          (*Elle sort*).

     LE MARQUIS
   (*Se débarbouillant comme il peut*).

Comment!... elle ne veut plus me voir!... Mais je deviens fou!...

       (*Il gesticule, il pleure*).

  Air du Boulanger.

Ah! mais je deviens fou!
Je ne sais pas jusqu'où
Peut aller ma folie!
Des choux, des poireaux, des navets, du céléri!...

   (*Trémolo à l'orchestre. Récitatif parlé*).

Je vois autour de moi... des mouches cantharides... des casseroles de Pontmartin... Hi! hi! hi! du Ponson (1)... Oh! Ernestine, Ernestine! Ah! merci, mon

---

(1) Il y a ici un jeu de mots. Les auteurs et les spectateurs du Théâtre érotique disaient « le *Ponson* » pour « les latrines. »

Ce synonime, en passant dans la *langue verte*, a perdu la majuscule qui expliquait son origine et justifiait son acception, mais il s'est ennobli. *Ponson* a présentement la signification de *lieux d'aisance soignés* et même *décorés*, soit de peintures de femmes callipyges, comme ceux de Balzac, — soit simplement de la légion d'honneur.

Dieu ! la voici ! (*Il saisit l'étron, le brandit et s'écrie :*)
A moi ! Montjoye et Coquencu !

(*Il disparait en chantant*).

    Ah ! mais je deviens fou !
    Je'ne sais pas jusqu'où
    Peut aller ma folie !
Hou ! hon ! je deviens fou, je deviens fou,
    Et me casse le cou !...

FIN

PIÈCES JUSTIFICATIVES

11ε Volume

ΕΡΩΤΙΚΟΝ

ΘΕΑΤΡΟΝ

PRIVILEGE DU THEATRE EROTIQUE (1)

Nous soussignés, seigneurs de Batignolles-sous-Banque et de la Monnaie, princes souverains de Tronquette et Poil, ducs d'Aimée-la-folie, comtes de Follette, vidames de Pip, et autres lieux du terrail et du terroir ;

Accordons, par ces présentes, à notre amé et féal Lemercier de Neuville, le privilége du théâtre de la principauté ;

Sous condition, par notre dit sieur Lemercier de Neuville, de se conformer aux lois, règlements et ordonnances qui forment le code civil et criminel des dits États ;

En vertu de cet acte souverain, le dit sieur Lemercier de Neuville aura droit de haute et basse justice sur tous comédiens, comédiennes, souffleurs, machinistes, pitres, galopins, et autres, attachés à l'exploitation de son théâtre ;

A lui seul appartient le droit de juger, recevoir ou refuser les ouvrages dramatiques qui lui seront présentés, sous réserve des réceptions déjà faites avant son entrée en fonctions ;

(1 Se trouve en original dans nos archives. Note de l'éditeur.)

Il peut, jusqu'à un certain point, jouir du droit de jambage, cuissage, culage, prélibation, cuillette, droit des vergettes, et autres apanages réputés féodaux, sur les imprudentes qui entreront dans le siége de son exploitation, alors qu'il sera dans l'exercice de ses fonctions.

Ledit sieur Lemercier de Neuville devra tenir le théâtre en bon état, et surtout jouir en bon père de famille, non-seulement des imprudentes sus énoncées, mais de son privilége; c'est-à-dire veiller à la conservation et à l'augmentation des décors, ne recevoir que des chefs-d'œuvre joués par des artistes hors ligne, sous peine de révocation, après décision du conseil privé.

Au nom des quatre fils Aymon :
par ampliation,
AMÉDÉE ROLLAND,
secrétaire.

Scellé du sceau et enregistré,
EDMOND WITTERSHEIM.

Vu et légalisé,
JEAN DUBOYS.   CAMILLE WEINSCHENCK.

IKON ΘEATPON

Rue de la Santé

PARIS (XIIIe)

M

Vous êtes prié d'assister à la représentation du 8 Juillet

Le Dernier Jour d'un Condamné

Drame en 3 actes et en prose

N° 13.

APPENDICE

AU

THEATRE EROTIQUE

DE LA RUE DE LA SANTÉ

LE BOUT DE L'AN

DE LA NOCE

PARODIE DU *BOUT DE L'AN DE L'AMOUR*

DE

M. THÉODORE BARRIÈRE

PAR

MM. LEMERCIER DE NEUVILLE ET J. DU BOYS

PERSONNAGES

JEANNE, belle blonde, autrefois fille, maintenant femme.
BERTHE, belle brune,   id.   id.
LA VOIX D'UN GARÇON DE CABINET.

—

(La scène, unique, se passe dans un cabinet particulier du Café anglais.)

AVERTISSEMENT

—

Cette parodie servit, en 1863, chez l'illustre photographe Carjat, à la première exhibition des *Pupazzi* de M. Lemercier de Neuville...

— *Carjat, limonade, bière !*

M. Émile Ollivier, le représentant amphibie, rasé de frais et de près, assistait à la représentation, durant laquelle on vit ses joues aimables passer insensiblement du rose au pourpre... Il avait apporté sa pudeur !...

— *Carjat, limonade, bière !*

A sa gauche, un homme à barbe (sans doute, quelque moraliste) se tenait à quatre pour ne pas lui pincer le...

— *Carjat, limonade, bière !*

>   Poulot ricanant
>   Lui pince le derrière ;
>   Elle, honnêtement,
>   Bonne fille, et pas fière,
>   Lui dit : — Merci !
>   Ohé ! à la chienlit !
>   A la chienlit !

Ah! s'il était venu en robe!...

— *Carjat, limonade, bière!*

Non plus que la femme de J. C., la maison de Carjat ne doit être soupçonnée, mais la compagnie fut toujours chez lui furieusement mêlée...

— *Carjat, limonade, bière!*

Les honnêtes gens en gaité y sont exposés sans cesse à se trouver coude à coude avec des personnages d'une moralité de fille d'auberge...

— *Carjat, limonade, bière!*

Carjat va trop loin dans la sociabilité...

— *Carjat*, etc., etc.

LE BOUT DE L'AN

DE LA NOCE

JEANNE, BERTHE

BERTHE
(*A Jeanne qui regarde sur le boulevard*).
Jeanne, ma sœur Jeanne, ne vois-tu rien venir !

JEANNE
Je ne vois qu'un balayeur qui nettoie, et un baladeur qui festoie, le premier dans le ruisseau, le second chez le mannezingue du coin.

BERTHE
Ce sont deux hommes, et nous attendons deux messieurs...

JEANNE
Qui se font bien attendre, à ce qu'il me semble.

BERTHE
(*Qui s'attife devant une glace*)
Oh ! chère, nous sommes en avance.

JEANNE

Tu crois? C'est possible. En tout cas, il eût été de bon goût de ne pas nous laisser arriver les premières... Ce n'est pas le rôle des femmes de poser...

BERTHE

Bast! cela ne fait rien, pourvu qu'ils viennent.

JEANNE

Ils! Quels *ils?*... Car enfin, ma chère, je suis venue pour te suivre, pour t'obéir, mais que je sois... *pendue* si je sais le premier mot de cette énigme et le pourquoi de ce petit déjeuner clandestin... Tu accours chez moi, tu bouscules mon mari, tu bouscules mes enfants, tu bouscules ma bonne, tu me bouscules moi-même, et ne me donnes pas de cesse que je ne sois habillée, parée, pimponnée, attifée comme un jour de combat... Puis, lorsque je suis parfumée des pieds à la tête, tu m'enlèves sans souffler mot, et me conduis ici, dans ce cabinet particulier où, jadis... mais depuis il a passé bien de l'eau sous le pont, qui a noyé tous les souvenirs amoureux de notre première jeunesse... Me diras-tu, Berthe, ce que signifie tout cela?

BERTHE

Est-ce que le lieu où nous sommes ne te rappelle rien?

JEANNE

Ma foi, non... rien... à moins que tu ne comptes pour un souvenir digne d'attention les quarante bouteilles de champ que nous avons bues, à quatre, dans ce cabinet...

BERTHE

Qui ne te dit rien de particulier ? Car enfin, ma Jeanne, du vin bu, c'est l'affaire de notre estomac ; et je te parle d'autre chose de plus intéressant, qui concerne ton cœur et le mien...

JEANNE

Aide-moi alors, chère petite.

BERTHE
(Lui montrant la glace).

Lis, donc, cœur sans mémoire !

JEANNE
(Lisant).

« 15 septembre 1856... » (*Répétant avec un peu d'étonnement.*) 15 septembre 1856... Eh bien ?

BERTHE

Eh bien ?...

JEANNE
(Se souvenant tout à coup).

Ah ! j'y suis !... j'y suis !...

BERTHE

C'est, ma foi, bien heureux !

JEANNE

Oui, oui, je me souviens ! je me souviens !... Il y a trois ans, la veille de notre mariage, avec Ernest et Arthur...

BERTHE

Je les ai rencontrés, c'est eux que nous attendons, eux que nous allons revoir tout à l'heure.

JEANNE

Ils pensent encore à nous, qui ne pensions plus du

tout à eux... C'est du dernier galant, ça, ma chérie.
BERTHE
Oh ! je ne suppose pas qu'ils nous aient gardé une fidélité de caniche, et qu'ils aient été un seul instant inconsolables... Ils ont pu se croire dégagés envers nous, qui nous étions dégagées envers eux en nous mariant...
JEANNE
(Soupirant).
Il fallait bien faire une fin... Nous ne pouvions éternellement mener la vie de garçon, quoiqu'elle eût ses charmes, et que nous eussions toujours les nôtres... Le bonnet de sainte Catherine n'aurait jamais pu nous coiffer, puisque nous l'avions, par avance, jeté par-dessus les moulins de Montmartre...
BERTHE
Il n'était que temps, mon ange, de nous ranger des voitures et de l'hôpital... Les charmes de la vie de garçon dont tu parles commençaient à nous paraître fades et fatigants... Nous en avions assez, ma biche, des noces de bâtons de chaises que nous faisions tous les jours et toutes les nuits... Nous en avions assez des soupers, des bals, des parties fines, et de l'amour... Nos semaines avaient trop de dimanches... Nous toussions déjà d'une manière inquiétante ; nous crachions le sang comme de simples Marguerite Gauthier ; nous avions même reçu, par-ci par-là, de nos Armands, de légers coups de pied que Vénus n'eût pas désavoués... et, au train dont nous y allions, nous n'aurions pas tardé à dégringoler chez la Farcy ou chez la Delille, comme des biches vulgai-

res... Il n'était que temps d'enrayer, te dis-je... Plutôt que d'échouer à Lourcine, nous avons préféré nous refugier dans le mariage, le Hâvre-de-Grâce de tous les naufragés de l'amour... Mieux vaut cette fin-là que l'autre, après tout! Cela abrutit un peu, mais cela honore... Nous n'étions que des filles : nous sommes passées femmes. On nous montrait du doigt : on nous salue du chapeau. On nous méprisait : on nous considère. Ce que c'est que le pavillon, pourtant, et comme il couvre bien la marchandise!... Le mariage a du bon, mon ange, convenons-en! Nous nous ennuyons un peu avec nos imbéciles de maris, mais nous ne sommes pas malheureuses comme avec nos gredins d'amants... Et puis, quoique toujours jeunes, nous sommes mères, toi de deux jumeaux, moi d'une fille, qui sont... Tiens! au fait, de qui peuvent-ils bien être, ces trois bambins-là?... Faudra interroger Ernest et Arthur là-dessus, n'est-ce pas?...

JEANNE
(Souriant)

Folle! les hommes n'avouent jamais ces choses-là...

BERTHE

Si, quelquefois... quand il n'y a plus de danger ni d'inconvénient, et qu'ils peuvent échapper à toute responsabilité... D'ailleurs, ma chère, un enfant est comme un billet dont le créateur est l'amant et l'endosseur le mari.

JEANNE

On voit bien que tu tiens les livres, ma Berthe!...

BERTHE

Et en parties doubles, encore ! très-doubles ! Mon vieux benêt de mari n'y voit que du feu...

JEANNE

C'est comme le mien : il ne voit que par mes yeux.

BERTHE

De belles lunettes qu'il a là, ma chérie !

JEANNE

Toujours flatteuse !

BERTHE

Tu es comme les rois, ma bonne petite Jeanne, tu n'aimes pas la vérité : elle t'offense... Soit ! Tu as des yeux affreux, c'est convenu... Permets-moi cependant de les baiser...

JEANNE
(Avançant sa figure au-devant des lèvres de Berthe).

Baise, ma chatte.

BERTHE
(Après l'avoir baisée).

Tu sens toujours bon comme autrefois... Ta chair est aussi agréable que celle d'une pêche... Tu n'es pas changée... au contraire ! je te trouve plus appétissante que jamais... et je te le prouve !

(Elle l'embrasse de nouveau).

JEANNE
(Émue).

Berthe !... Berthe !... Méchante fille !...

LA VOIX DU GARÇON

Par ici, messieurs, par ici.

JEANNE
(*Tressaillant*).

Les voici!... déjà!

LA VOIX DU GARÇON

Ah! messieurs, je vous demande pardon, mais il paraît que ces messieurs sont partis... Si vous voulez que...
(*La voix se perd dans l'escalier*).

BERTHE

Ce ne sont pas eux. Dis-moi, ma Jeanne, depuis que tu es mariée, as-tu regardé ton contrat?...

JEANNE

Non; pourquoi faire?

BERTHE
(*Riant*).

Pour donner un coup de canif dedans, donc!

JEANNE

Jamais... faute d'y penser.

BERTHE

C'est comme moi... faute d'occasion... Aussi, ça va nous sembler drôle, n'est-ce pas?...

JEANNE

Drôle et bon, peut-être... Qui sait? D'ailleurs, un coup... un seul coup... de canif... ne déchire pas un contrat... il en faut plusieurs... C'est solide, et sur parchemin, ces histoires-là...

BERTHE

Je tiens à mon idée, moi : ça nous semblera drôle, certainement... Quant à être bon, faut voir! L'infidélité était du nanan pour nous, autrefois, et j'avais, pour ma part, grand plaisir à cueillir l'amour à des arbres différents : c'était toujours le même fruit, mais ce n'était plus le même arbre...

JEANNE
Gourmande !

BERTHE
Aujourd'hui, ce nanan-là nous fera peut-être du mal à l'estomac... Nous aurons peut-être une indigestion...

JEANNE
C'est vrai, ce que tu dis là, ma chérie... Il y a des choses auxquelles nous ne sommes plus habituées... On se rouille, faute d'exercice... Sais-tu encore de nos chansons de soupers, toi ?... Figure-toi que l'autre jour, en berçant l'un de mes moucherons, il m'est arrivé de chanter : *C'est vot' fill' que j'vous ramène...*

BERTHE
Imprudente !...

JEANNE
Mon mari était là...

BERTHE
Aïe !...

JEANNE
Il m'a regardée... et...

BERTHE
Et ?...

JEANNE
Et il m'a priée de la lui chanter jusqu'au bout.

BERTHE
Tu l'as chantée ?...

JEANNE
Non... j'ai prétendu que je n'en savais pas plus long

que le commencement, et j'ai profité de l'occase pour invectiver mon vieux benêt et le traiter de polisson...

BERTHE

Ouf! je respire... Tu m'as fait une peur !... A propos, toi qui as une voix si sympathique, ma belle Jeanne, chante-m'en donc une dans le genre de celle que tu n'as pas chantée à ton époux... Tu m'appelleras polissonne, si tu veux ; ce sera là un reproche que j'essayerai de mériter...

JEANNE

C'est que je les ai oubliées presque toutes...

BERTHE

Cherche donc! cherche donc! il t'en reste bien encore quelques-unes au fond de ta mémoire... Quand ça ne serait que des morceaux... J'aime les morceaux, moi... quand ils sont bons.

JEANNE

Veux-tu que je te chante une romance du couvent : *le songe d'Amalie,* sur l'air de *Titi lariti?*...

BERTHE

Non... non !... J'aime mieux autre chose de moins... de plus... enfin, tu sais, de ces machines qui nous montaient si bien le bourrichon, aidées de quelques douzaines de verres de champ?...

JEANNE

Voici une parodie de Ronsard, sur un air de Charles Delioux, un musicien ami de mon amant, ce petit poète qui avait les cheveux blonds et les ongles noirs, tu te rappelles?...

BERTHE

Oui, le petit machin qui allait tous les soirs à la Brasserie des Martyrs. Connu ! Chante-moi sa romance, ma chérie.

JEANNE

Voilà.

(Elle chante).

I

Dans un fiacre à vingt-cinq sous,
Je veux mettre ma main sous
Ta robe fraîche empesée ;
Et sans te donner cent sous,
Va, je serai vite absous,
Si je t'ai vite baisée !

II

Au restaurant, moi je veux
Passer dans tes blonds cheveux
Ma main toute guillerette,
Et, de mon doigt avisé,
Juger si ton cul frisé
L'est plus que ta blonde tête !

III

Quand au dodo nous serons
Couchés tous deux, nous ferons
Des ordures, des bêtises,
Comme en font les sacristains
Qui rôdent tous les matins
Dans les recoins des églises...

(S'interrompant tout à coup).

Non... c'est trop vilain... je ne sais plus dire ça... ça

m'écorche la bouche... Mais toi, qui chahutais si bien à Mabille, voyons, mon ange, un petit cancan, pour te dégourdir les jambes et le cœur !

BERTHE

Volontiers... si tu me fais vis-à-vis.

JEANNE

Ça va... Allons-y !...

> (Elles se livrent toutes deux à un cancan auprès duquel la danse provocante des bayadères n'est que de la Saint-Jean, et qui ferait prendre les armes à un poste de sergents de ville. Leurs joues s'empourprent, leurs cheveux se dépeignent, leurs corsages se décolletent, leurs yeux brillent, leurs lèvres s'entrouvent, montrant le liseré blanc de leurs quenottes).

BERTHE

Un peu de polka, maintenant, ma belle Jeanne !

> (Elle lui prend la taille d'une main, et le bras de l'autre, et toutes deux polkent avec ardeur).

JEANNE

Et la walse, la sauteuse !

BERTHE

Walsons !

> (Elles s'enlacent amoureusement, joues contre joues, gorge contre gorge, ventre contre ventre, et walsent comme Faust et Marguerite).

JEANNE
(S'interrompant).

Non... ce n'est pas cela... J'ai oublié les temps de la walse sauteuse... Walsons comme dans le monde, convenablement... (*La walse reprend, plus modérée et plus décente.*) Ah ! je suis essoufflée !...

BERTHE
(*S'arrêtant*).

Et moi aussi... Ah! ma pauvre Jeanne, on peut appeler ça *le Bout de l'an de la noce, ou le Rabibochage de l'amour*... Vois-tu, il ne faut pas nous monter le coup : tout ça ne nous amuse plus comme autrefois... Nous ne savons plus ni rire, ni chanter, ni danser avec le chien que nous avions il y a trois ans... Nous sommes finies pour la noce, ma belle! bien finies!..... Quant aux hommes... ils ne nous amusent plus non plus : nous les connaissons trop pour cela... Ils sont tous les mêmes... Aucun d'eux n'a de l'imagination : ils n'ont que des besoins... Il n'en est pas un seul qui, la première fois qu'il se trouve avec une femme, ne commence par la... (*Elle lui parle bas à l'oreille.*)

JEANNE
(*Riant*).

C'est vrai!... A moins, s'il a trop bu, qu'il ne commence par... (*Elle lui parle bas à l'oreille.*)

BERTHE
(*Riant aussi*).

C'est vrai!... Oh! ma minette, comme tu observes bien!... C'est que c'est ça!...

JEANNE
(*Réparant un peu devant la glace le désordre de sa toilette*).

A propos, dis donc : ils ne viennent pas...

BERTHE

Ils viendront, n'en doute pas. (*Elle se rajuste aussi devant la glace, et, tout en remettant chaque chose en ordre, elle dit :*) Crois-tu sincèrement qu'ils vont être les mêmes avec nous, après trois longues années? Quand nous les avons lâchés, nous étions joyeuses et folles comme des diables en crinoline : ils vont nous retrouver plus rassises et... mères! Mères! comprends-tu, ma Jeanne, tout ce qu'il y a dans ces cinq lettres-là, qui n'ont pourtant l'air de rien?... Les hommes sont si canailles!... ils vont songer immédiatement à une foultitude de choses désagréables... à l'accouchement, par exemple... et ils savent que ça déforme les femmes, que ça leur abime la gorge, que ça leur laisse des plis au ventre...

JEANNE
(*Vivement*).

Pas toujours !

BERTHE

Je ne parle ni pour toi... ni pour moi, ma chérie... Je parle en général... Les hommes savent que la maternité laisse des traces sur la plupart des femmes qui, alors, à leurs yeux, ne sont plus bonnes qu'à tenir l'emploi de nourrices, et à qui le rôle d'amoureuses est interdit..... Arthur et Ernest s'imagineront que nous en sommes là... et... Tiens! je crois que nous avons eu tort de venir ici... Réellement, nous n'avons pas besoin d'eux... qu'en penses-tu ?

JEANNE

Dam! ma mignonne, c'est selon... La vertu est une bonne chose, mais il ne faut pas en abuser, et il me semble qu'il sera bien assez temps, quand nous serons vieilles, de...

BERTHE
(*Vivement*).

Pour moi, qui fais lit à part...

JEANNE
(*L'interrompant, non moins vivement*).

Oh ! pour ça, moi aussi...

BERTHE
(*Continuant son idée*).

Je ne comprends plus qu'on se toque des hommes; qu'on ait des béguins, à en perdre le boire et le manger, pour des êtres grossiers, qui ont la peau rude, des poils partout, qui puent le tabac, le vin quelquefois, et qui, parce qu'ils sont vos maris ou vos amants, s'imaginent qu'ils ont le droit, à toute heure du jour et de la nuit, que vous soyez ou non disposée, de vous faire mettre sur le dos, de vous écarter les cuisses et de vous planter leurs bâtons dans le ventre... C'est humiliant d'être ainsi des meubles... de nuit, au lieu d'être des femmes !

JEANNE

C'est vrai, ce que tu dis là, et j'y ai souvent songé en soupirant..... D'autant plus, que les trois quarts du temps, ils sont d'une maladresse telle, qu'il faut les guider dans le sentier du plaisir et les soutenir tout le long du chemin... ce qui n'est pas amusant.

BERTHE

Plus gros yeux que grosse panse, plus de tête que de... queue !... avouons-le, mamie, pendant que nous y sommes.

JEANNE
(*Soupirant*).

Non, décidément, ce n'est pas là le bonheur !
(*Elle se penche mélancoliquement sur le cou de Berthe et, comme distraite, lui baise à plusieurs reprises la nuque*).

BERTHE
(*Frissonnante, et lui rendant ses baisers sur la bouche*).

Ah ! ma Jeanne..... tais-toi..... tu me fais mourir..... Jeanne... tu m'as comprise et je t'ai devinée... (*D'une voix sifflante et précipitée, en étreignant Jeanne avec une passion tout à fait masculine.*) Partons, mon ange !... Viens chez moi... tout de suite... je t'en prie... je le veux !... Viens... ma bonne et mes enfants sont à la campagne, mon mari est à son bureau... Nous avons quatre heures devant nous... quatre heures pendant lesquelles nous serons seules... quatre heures du vrai, du seul bonheur que les femmes puissent goûter ici-bas... (*On entend un bruit de voiture.*) Les voici !... Viens, ma belle Jeanne, viens !... nous allons aimer !... (*Elle l'entraîne, et toutes deux disparaissent précipitamment.*)

LA VOIX DU GARÇON.

Par ici, messieurs, par ici.

FIN

LA GRANDE SYMPHONIE

DES PUNAISES

PAROLES DE

MM. NADAR ET CHARLES BATAILLE

MUSIQUE DE

M. JACQUES OFFENBACH

PERSONNAGES

L'INFORTUNÉ VOYAGEUR.
LE GÉNÉRAL BARON THUNDER-TEN-TRONCKH, commandant en chef de l'armée.
PONIATOWSKI, général de brigade.
UNE JEUNE FIANCÉE.
UN JEUNE FIANCÉ.
UN CORYPHÉE.
UNE SERVANTE D'AUBERGE.
(Tous les personnages précédents sont représentés par : Un bel homme en habit noir).
LE CHOEUR.

—

La scène représente une chambre d'auberge, en Beauce.

AVERTISSEMENT

Cette fantaisie a été représentée chez M. Jacques Offenbach. En quelle année, devant quel public? Nous ne savons.

Elle a été imprimée à la suite de la première édition du *Théâtre érotique*, sous les pseudonymes suivants : « paroles du *Géant du boulevard des Capucines* et du *Docteur Quérard (de Chartres)*; musique du *Jettatore du passage Choiseul.* »

« *Le Géant du boulevard des Capucines*; » M. Nadar, l'univers connaît son installation photographique du boulevard des Capucines, et son ballon le Géant. La fête de M. Nadar remplacera celle de l'Ascension sur le nouveau calendrier républicain, si j'en crois l'ombre de Romme, qui m'est apparue.

« *Le docteur Quérard*, de Chartres; » M. Charles Bataille, Beauceron, comme Mathurin Regnier, auteur d'un roman publié sous ce titre, en collaboration prétendue avec M. Rasetti. Tout Paris sait que M. Rasetti écrit peu, mais qu'il aime à signer des livres, pour se faire décorer de Saint-Maurice et Lazare, et autres ordres équivoques. Dans le système du monde de mon portier, quand le ciel est étoilé, c'est que les membres défunts de toutes les légions d'honneur possibles s'y sont donnés rendez-vous, afin de prendre ensemble le frais, et des petits verres. Sans doute, et les amas des nébuleuses s'y forment de tas de Rasetti divers.

« *Le Jettatore du passage Choiseul;* » M. Jacques Offenbach; il jouit d'un fameux mauvais œil.

Des morceaux de la musique de la *Grande symphonie des Punaises* se retrouvent, dit-on, dans *la Belle Hélène*.

LA GRANDE SYMPHONIE

DES PUNAISES

LE BEL HOMME EN HABIT NOIR
(*S'adressant à la partie féminine de l'assemblée*).
Mesdames — il est juste au moins qu'on vous prévienne —
Farouche à raconter et lamentable à voir,
Le poëme hardi de la gent punaisienne,
Pour les nerfs olfactifs d'une Parisienne,
Exhale des parfums âcres à percevoir.
Par un cas fortuit — que l'on n'a pu prévoir, —
S'il se trouvait céans quelque Béotienne
Qui se câbre aux récits de gaillardise ancienne,
Qu'elle observe mes gants blancs et mon habit noir ;
Et d'ailleurs il vous reste encor, quoiqu'il advienne,
Les jeux de l'éventail et les plis du mouchoir.
(*Se tournant vers les hommes*)
Nous n'ajouterons pas un mot, — côté des hommes :
Nargue au sexe barbu ! Voilà comment nous sommes !..

Apprenez là-dessus qu'un pauvre voyageur
S'en revient de Paris, la ville des lumières!
Ce qu'il a laissé là des puretés premières,
Je ne le dirai pas, craignant votre rougeur.
Mais enfin, le pauvre homme est défait et songeur.
Il a vu de trop près les bergères d'Asnières,
Un peuple, comme on sait, frétillant et rongeur.
Il a besoin de vert et retourne à l'églogue.
Dans une cour d'hôtel j'entends ce dialogue :

L'INFORTUNÉ VOYAGEUR
(Descendant de cheval).

Vite, vite! une chambre, et pansez mon cheval :
Il est ainsi que moi rendu, pauvre animal !
Je ne souperai pas, je n'en ai pas la force...

(Gourmandant les gens de l'auberge).

Allons ! avez-vous peur d'attraper une entorse?

Une bonne répond :
    — Le bidet est rentré
Et votre appartement est déjà préparé :
L'escalier en dehors, à côté de la treille...
A quelle heure monsieur veut-il qu'on le réveille ?

L'INFORTUNÉ VOYAGEUR
Me réveiller?... jamais !

LA SERVANTE
   Bonsoir, monsieur.

L'INFORTUNÉ VOYAGEUR
         Merci.
Ah ça ! mais vous n'avez pas de puces ici ?

LA SERVANTE
De père en fils, monsieur, la maison est connue
Pour une auberge honnête et proprement tenue.

(A part).

Des puces ! quelle idée a donc cet étranger ?
Les punaises d'ailleurs sont là pour les manger !

Sur l'affirmation de cette brave fille,
Le pauvre voyageur monte et se déshabille.
La flanelle lui colle aux reins : il songe alors
A sa femme, aux douceurs de la vie en famille,
Et se sent harcelé de froid — et de remords.
La chambre est morne, grise, et d'un aspect sévère,
Avec du papier jaune et des fleurs indigo ;
Sur un socle en bois blanc, dans sa gloire — et sous verre —
Bonaparte à cheval revient de Marengo ;
Philémon et Baucis, une vieille flamande,
Un coucou, — sans parler, comme dit Lancelot,
« Du vase pudibond qu'en sa chambre on demande, » —
Voilà le résumé précis du bibelot.
Quand il se mit au lit dans les gros draps de toile,
Un bien-être inconnu pénétra tous ses sens,
Et le sommier poussa des cris — presque indécents.
Mais soudain, d'une voix que l'amer regret voile,
Le pauvre voyageur murmura ces accents :

Air.

Sommeil des consciences pures,
Descends, oh ! descends sur mes yeux !
Nuit calme, épanche tes murmures
Sur mon front terne et soucieux.
J'ai le sang lourd et la peau moite...
Je sens des frissons tortueux
Sous mes mamelles gauche et droite...

— Pourtant j'étais né vertueux !

Pendant que le sommeil qui calme et purifie
Tombait des cieux cléments sur ce front enfiévré,
Qu'il allait entrevoir en rêve sa Sophie
Et son petit dernier, lequel n'est pas sevré,
De rouges espions, aux nerveuses antennes,
Se jettent sur le lit, en foule, par centaines ;
Ils tombent du plafond, ils grimpent l'escalier,
Ils sortent du bahut, du vieux fer qui se rouille,
Du coucou, du pavé, du suif, du chandelier,
Et cela court, cela trottine, cela grouille !
Regardez ! regardez ! ils vont toujours, encor,
Vers cet infortuné sans défense, qui dort
Et commence à ronfler.— Eh quoi ! tu dors, pauvre homme,
Et ton lit, malheureux, ton lit n'est pas de fer !
Enfin, va, mon gaillard, va ! va ! pousse ton somme...
Mais je te garantis un réveil bien amer !
Ils ont bientôt sondé les recoins de l'alcôve.
— Des commères déjà, que réveille le bruit,
Ont passé prestement leurs chemises de nuit.
Le chef des espions, vieillard à tête chauve,
Courbant l'échine en arc jusqu'au postérieur,
S'adresse de la sorte à son supérieur :
— Nous avons parcouru la montagne et la plaine.
Vers le nord, aux confins d'un couvre-pied de laine,
Nous avons découvert d'abord un mufle humain,
Puis vers le sud un pied, et vers l'est une main ;
Enfin, en descendant une ligne convexe...—
Sur quoi le général, d'un geste puritain,

Interrompt :
— Il suffit, car nous avons du sexe !

THUNDER-TEN-TRONCKH

Grand air.

Vite !
Sortez tous
De vos trous,
Plèbe maudite !
Vite !
Dépêchons ! et prenez
Les panaches de guerre,
Les cuissards damasquinés
Le poignard et le cimeterre !
Formez les rangs ! formez les rangs ! puis entonnez
Votre hymne de combat, d'une voix de tonnerre !

Et l'on sentait monter, des coins de chaque coin,
Un bizarre parfum — qui n'est pas le benjoin !
La clameur grossissait, rauque, sourde, étouffée.
C'est alors que parut un jeune coryphée :

CORYPHÉE ET CHŒUR

LE CORYPHÉE

Nous sommes un tas de canailles !
A qui Diable ou Dieu révéla
Le secret d'horribles ripailles !
Larifla !
On se fait à l'ammoniaque,
L'affreux Mismaque
En vain nous traque...
Nous nous fichons de tout cela !
Et ioup ! ioup ! ioup ! tra la la la la

LE CHŒUR

On connait son métier! Quand notre homme est trop vif,
La la pif!
On s'esbigne d'un trait! et puis, cahin, caha,
Pif la la!
On revient à la charge avec le tremblement!
Rantanplan!

LE CORYPHÉE

On nous fait une rude guerre!
Les lits en fer et cœtera,
Contre nous ne prévaudront guère,
Larifla!
Ce sont finesses de Gribouille...
Notre dard fouille
Le fer, la rouille!
On s'en bat l'œil comme de ça!
Et ioup, ioup, ioup, tra la la la la !

LE CHŒUR

On connait son métier! Quand notre homme est trop vif,
La la pif!
On s'esbigne d'un trait! et puis, cahin, caha,
Pif la la!
On revient à la charge avec le tremblement!...
Rantanplan!

THUNDER-TEN-TRONCKH
(*Grand air*).

Sortez du lit de bouracan !
C'est l'heure de la grande agape !
Minuit jappe
Les douze coups au vieux cadran...

(*Minuit sonne*).

Marchons en escadrons serrés...
La proie est là, grasse et vermeille,
  Qui sommeille
Dans les bras des rêves dorés.
Au pas donc ! avançons sans bruit...
Notre Grand-Prêtre le cloporte
  Nous exhorte
Du haut de la table de nuit !
Depuis quatre fois quatre soirs,
Il fouille, pour rendre propices
  Les auspices,
Des intestins de cricris noirs !

A cet instant on vit, pâle sous la dentelle,
Avec des airs penchés de gente demoiselle,
Une jeune punaise aller droit vers le chef.
Celui-ci :

— Qu'est-ce encor ? fit-il d'un verbe bref.

CHANT.

LA JEUNE PUNAISE

(*Grazioso*).

Vous avez appelé vos enfants... je suis prête !...

(*Soudain avec terreur*)

Mais que vois-je ? c'est donc un combat qui s'apprête !
  On m'avait dit un festival,
Et j'avais déjà mis mes vêtements de fête,
  Avec mes escarpins de bal.
  Grâce ! grâce pour moi-même !
  Grâce pour l'amant que j'aime !

(*Parlant d'un conscrit*).

  Tu pars ! tu pars ! O jour fatal !

LE PUNAIS
Dam ! c'est l'ordre du général !
LA PUNAISE
Punais ! idole de mon âme,
Beau punais brun, écoute-moi...
LE PUNAIS
Non, non ! la gloire me réclame.
Adieu !...
LA PUNAISE
Mon cœur est plein d'émoi !
Beau punais brun, écoute-moi !
LE FIANCÉ
(Romance).
O ma fiancée !
Toi que j'ai bercée
Sur mon cœur brûlant,
Par un crépuscule
De la canicule,
Je m'en vais à la guerre... est-ce assez canulant !
LA FIANCÉE
Pauvre délaissée !
Moi qu'il a bercée
Sur son cœur brûlant,
Par un crépuscule
De la canicule,
Il s'en va t'à la guerre !... Eh bien ! c'est régalant !
THUNDER-TEN-TRONCKH
Enfants ! embrassez-vous sous mon panache blanc !
LA FIANCÉE
Tu sauras tout... cruel, arrête !

Je porte dans mon sein le fruit de notre amour.
LE FIANCÉ
(*Vexé et à part*).
Seigneur mon Dieu, comme c'est bête !
Porte-le sur ton dos... ça paraîtra moins lourd.
Ensemble.
O ma fiancée !
Toi que j'ai bercée
Sur mon cœur brûlant,
Par un crépuscule
De la canicule,
Je m'en vais à la guerre... est-ce assez canulant !

Pauvre délaissée !
Moi qu'il a bercée
Sur son cœur brûlant,
Par un crépuscule
De la canicule,
Il s'en va t'a la guerre !... Eh bien ! c'est régalant !
THUNDER-TEN-TRONCK II
Enfants ! embrassez-vous sous mon panache blanc !
(*Déclame*)
Voyez ! la tourbe se déroule,
Insoucieuse des périls ;
On dirait l'océan qui houle !...
Combien sont-ils ? combien sont-ils ?
Comptez les cimiers, les cuirasses,
Comptez les tenailles voraces,
Comptez les innombrables traces
Qu'ils sèment partout en passant !
Autant compter — rêve stérile !

Les mots du dernier vaudeville,
Et tous les traits dont Biéville
Marque son feuilleton puissant.

Leurs hauts faits, c'est un vrai poëme,
Le poëme des conquérants !
Et leurs noms, l'histoire elle-même
N'en saurait citer de plus grands !
Ce vieux, qui branle et qui chancelle,
Faisait rage dans la ruelle,
Avant de prendre une écrouelle
Dans la cravate d'un docteur (1) ;
L'autre, qui marche sur sa piste,
Un soir d'ivresse — triste ! triste !
Sur l'âpre cuir d'un réaliste
Ebrécha son dard fureteur !

Cet enfant, à face creusée,
Qui suit comme à l'enterrement,
C'est une existence brisée !
La fatalité ! le roman !
Oh ! la jeunesse vagabonde !
Lui, pour ses débuts dans le monde,
Il choisit une actrice blonde
Et s'endormit dans les carmins !
Son amour fut court — mais sublime !
Après deux nuits de ce régime,
Il s'éveilla, pâle, victime !
Dans le *delirium tremens.*

(1) Le docteur Veron a gardé ses écrouelles « pour n'avoir été touché que par la branche cadette » a dit M. Hippolyte Babou.

Et voici les vieux de la vieille !
Ceux dont, au milieu du sabbat,
La haute expérience veille
Sur le bon ordre du combat.
Habitués aux stratégies,
Ils ont toutes les énergies,
Et sortent, les griffes rougies,
Des coups des plus aventureux...
Ce vaillant qui marche à leur tête,
Astiqué comme un jour de fête,
Fulgurant comme la tempête,
C'est Poniatowski-le-Preux !

Mais, parmi ces suceurs de chyle,
Qui sait, à l'instar de Cromwell,
Joindre aux persistances d'Achille
L'adresse de Machiavel ?
Ah ! c'est le seigneur, c'est le maître !
C'est l'autocrate et le grand-prêtre !
Des envieux diront peut-être...
Vous savez tout ce qu'ils diront...
Il n'est vertu qui ne se nie !
Laissons passer la calomnie,
Saluons bien bas le génie...
Vive le grand... Thunder-ten-Tronckh !

Tous ces héros altiers, en cohorte pressée,
Passaient cavalcadant, sans que la fiancée
Dirigeât vers leurs ors un rayon de son œil...
Des amours menacés elle portait le deuil.

LA FIANCÉE
Romance.

Si l'on m'eût dit que nos soirées
Si tièdes et si pénétrées
    D'amour,
Si l'on m'eût dit que ma chimère
S'évanouirait éphémère,
    Un jour !

J'aurais bien vite de mon âme
Chassé cette enivrante flamme !
    Plutôt
Que de caresser un vain rêve
Qui me charmait et qui s'achève
    Si tôt !

Mais non ! je t'aurais caressée
Plus tendrement, pauvre pensée !
    Et puis,
Au fond de mon cœur solitaire,
Je t'aurais caché, doux mystère
    Qui fuis...

(*Thunder-ten-Tronckh s'est caché dans une manche. — Premiers engagements. — Cauchemar de l'infortuné voyageur*).

Air.

L'INFORTUNÉ VOYAGEUR
(*Rêvant*).

Mon dos est une mer, mon cœur une tempête...
Je crache mes poumons et j'ai mal à la tête...
Dans le val de mes reins minés, je sens courir
    Je ne sais quelle affreuse bête !

Mes cors aux pieds me font souffrir...
(Avec prière).
Si ta justice est satisfaite,
Mon Dieu! mon Dieu! fais-moi mourir!
CHŒUR VOILÉ DES PUNAISES
On connaît son métier! Quand notre homme est trop vif,
La la pif!
On s'esbigne d'un trait! et puis, cahin, caha,
Pif la la!
On revient à la charge avec le tremblement!
Rantanplan!
L'INFORTUNÉ VOYAGEUR
Si ta justice est satisfaite,
Mon Dieu! mon Dieu! fais-moi mourir!

Oh! ce fut un combat terrible, en vérité!
Dont la narration nous fait peur... D'un côté,
Les assaillants ayant disséminé leur force,
Des pieds du patient se ruaient vers le torse!
Et c'était un carnage horrible, horrible!... dont
Surgissait par instant un râle furibond!
Puis des éclats de rire! un blasphème! une orgie!
Des rauquements stridents et sans analogie!
En vain l'infortuné voyageur se grattait,
En vain il se tordait, en vain se débattait...
Les ennemis marchaient, ivres de leur victoire,
Et leur fût-il resté rien qu'une goutte à boire,
Ils auraient persisté dans leur acharnement.
L'horloge, par bonheur, fut prise en ce moment
D'un besoin de jaser... elle sonna deux heures...
Une... deux... lentement... en notes si majeures.

Que notre voyageur s'éveilla tout à coup !
Une allumette — trrrinck ! — a grincé... Feu partout !
Les punaises, ainsi qu'un soleil d'artifice,
S'écartent, pressentant l'heure de la justice.
— Il fut impitoyable, à son tour ! on le vit
Ecraser et broyer, sans trêve ni répit,
Et même il rôtissait les corps à la chandelle !
Et la confusion de la fuite fut telle,
Qu'un père de famille écrasa son garçon,
En cherchant à gagner un trou de paillasson...
Puis c'étaient des fuyards qui tombaient dans le vase
Sur lequel Lancelot a fait sa périphrase...
Dans les noms de ces morts nous trouvons... mon Dieu ! qui ?
Le nom si glorieux de Poniatowski !

PONIATOWSKI
Romance.

Je suis parti pour servir la patrie ;
Comme un lion j'ai longtemps combattu ;
J'ai tout quitté, ma punaise chérie,
Aux yeux de chrôme... un ange de vertu !
Vais-je flétrir les lauriers de la guerre
Dans un endroit... un endroit réservé ?
Vais-je périr en insecte vulgaire ?...
— Rien qu'une main, Frrrançais, je suis sauvé !

(Avec force).

A moi, l'eau monte... je suffoque...
Adieu !...

THUNDER-TEN-TRONCKH
(De sa cachette).

Claque, ma vieille !... je m'en moque
Un peu !

PONIATOWSKI
(*Agonisant*).

Je meurs... écoutez ma prière !

THUNDER-TEN-TRONCKH

Cet oison est-il embêtant !

PONIATOWSKI
(*Râlant*).

Au haut des cieux, ma demeure dernière,
Mon général, je m'en vais pas content !

(*Il claque*).

Poniatowski vient d'expectorer son âme !

Thunder-ten-Tronckh, blasé sur les horreurs du drame,
Sort du madapolam d'où, lâchement blotti,
Il a vu décimer les gens de son parti.
Il danse un entrechat sur les rideaux de serge,
Il rit, il mange, il boit, se saoule et se goberge.

Le pauvre voyageur exsangue, anéanti,
Dort d'un sommeil épais qui ressemble à la fièvre :
Des mots incohérents se heurtent sur sa lèvre :
Sa respiration anhélante, parfois
A des acuités de fifre et de hautbois :
Si ce n'est le repos, c'est au moins l'inertie...

Thunder-ten-Tronckh commence à jouer sa partie.

En marchant à travers tous ces cadavres froids,
Il découvre le corps d'une vivandière,
Fendu du flanc jusqu'à... l'autre côté, derrière...
Une vivandière enceinte de sept mois...

Il recueille les œufs de cette infortunée,
Et puis les insinue avec dextérité
Dans le nombril du bon voyageur éreinté :
Comme Titus, il n'a pas perdu sa journée!

Encore vous faut-il expliquer ce nombril!
Extravagant de face, étrange de profil,
Ce nombril, ce n'est pas un nombril, c'est un gouffre!
Les œufs, le voyageur le gardera, dût-il
Enfumer son nombril bizarre avec du soufre,
Le nettoyer ensuite avec de l'alcool,
Et finir la lessive avec du vitriol!

Aussi Thunder-ten-Tronckh, content de sa besogne,
Entonne-t-il un ranz tyrolien, sans vergogne :

Tyrolienne.

La, la, hou, hou!
La, la, hou, hou!
Fichtre! voici l'aube qui luit...
Décollons le billard sans bruit..
Faisons silence,
Car la prudence
Est mère... allons! de rien du tout!
La prudence n'est jamais mère...
Nombril du pape! suis-je saoul!
Et comme j'ai la bouche amère!
La, la, hou, hou!
Décollons le billard sans bruit...

L'INFORTUNÉ VOYAGEUR
(Se recueillant).

Nom de Dieu! quelle chienne de nuit!

LE BEL HOMME EN HABIT NOIR
(Au public).

Si la conclusion du vice qui prospère
Ne vous paraissait pas suffisamment austère,
Veuillez bien réfléchir, mesdames et messieurs,
Qu'il reste au criminel la vengeance des cieux !!!

FIN

TABLE DES MATIERES

Histoire du Théâtre érotique de la rue de la Santé 1

PREMIÈRE PARTIE

La Grisette et l'Étudiant. . . . 15
Le dernier Jour d'un Condamné. . . . 33
Les Jeux de l'amour et du bazar. . . . 63
Un Caprice. . . . 89
Scapin maquereau. . . . 107

SECONDE PARTIE

Signe d'argent. . . . 129

PIÈCES JUSTIFICATIVES

Privilège du Théâtre érotique. . . . 175
Fac-simile d'une Lettre d'invitation au Théâtre érotique. . . . 176

APPENDICE

Le Bout de l'an de la Noce. . . . 179
La Grande Symphonie des Punaises. . . . 199

www.ingramcontent.com/pod-product-compliance
Lightning Source LLC
Chambersburg PA
CBHW051914160426
43198CB00012B/1881